Facharbeit und besondere Lernleistung

im naturwissenschaftlichen Unterricht

von

Wolfgang Martin-Beyer

Brigitte Mergenthaler-Walter

unter Mitarbeit von

Jutta Metzger

Michael Rode

D1696301

Ernst Klett Verlag
Stuttgart Düsseldorf Leipzig

Gedruckt auf Papier aus
chlorfrei gebleichtem Zellstoff,
säurefrei.

1 Auflage   A 1 ^{6} ^{5} ^{4} ^{3} | 2004 2003 2002 2001

Alle Drucke dieser Auflage können im Unterricht nebeneinander benutzt werden, sie sind untereinander unverändert.
Die letzte Zahl bezeichnet das Jahr dieses Druckes.
© Ernst Klett Verlag GmbH, Stuttgart 1999. Alle Rechte vorbehalten.
Internetadresse:http://www.klett-verlag.de.
Redaktion: Detlef Eckebrecht
Grafiken: Hans-Michael Scheurlen, Ludwigsburg
Einbandgestaltung: Manfred Muraro unter Verwendung einer Grafik von
Hans-Michael Scheurlen
Druck: Druckerei Dörler, Aichwald
ISBN 3-12-984030-3

Vorwort der Autoren

Als wir vom Verlag angesprochen wurden, ein Buch über Facharbeiten zu schreiben, sagten wir guten Mutes zu – wir verfügten ja über reiche Erfahrungen damit. Wir ahnten noch nichts von der verwirrenden Vielfalt, die sich bundesweit hinter dem Begriff „Facharbeit" versteckt. Zudem überraschte uns eine Erweiterung dieser großen Oberstufenarbeit: Die Kultusministerkonferenz hatte die *besondere Lernleistung* geschaffen – ebenfalls ein vielfältiger Begriff, der erst noch mit Erfahrungen gefüllt werden muss. Wir entdeckten, dass jedes der 16 Bundesländer seinen eigenen Weg geht und dass diese Wege einem beständigen Wechsel unterliegen.

Wir sahen daher unsere Aufgabe in diesem Buch, aus der Vielfältigkeit der Begriffe und Bestimmungen das Gemeinsame, den pädagogischen Kern, herauszuarbeiten, alle Fragen, die mit der Arbeit zusammenhängen, anschaulich und praxisnah darzustellen und oft bis ins Detail zu diskutieren. Dabei ergaben sich Redundanzen, die Ihnen jedoch die Arbeit mit dem Buch erleichtern sollen. So erhält jedes Kapitel dieses Ratgebers weitgehend Vollständigkeit.

Trotzdem werden wir Sie, liebe Kolleginnen und Kollegen, manchmal nicht zufriedenstellen können. So wird die Lehrerin in Niedersachsen oft denken: „Das stimmt doch so nicht, bei uns sind *Facharbeiten* doch einige Nummern kleiner, einfach eine Arbeit innerhalb des Kurses." – Und ein Lehrer in einem anderen Bundesland wird bemängeln, dass die Dauer des *Kolloquiums* nicht genannt ist. Das liegt in der „Natur" der Sache. Wir haben zwar möglichst viele Bestimmungen der Länder berücksichtigt, aber hier sind Vollständigkeit und Aktualität prinzipiell nicht erreichbar. Der übliche Spruch, „dass wir keine Gewähr für die Richtigkeit unserer Angaben

übernehmen können", ist ernst gemeint! Und das, obwohl wir uns durch ungezählte Verordnungen, Verordnungen zur Änderungen von Verordnungen und Hinweise zur Durchführung dieser Verordnungen gearbeitet haben. Überprüfen Sie also gegebenenfalls den jeweils aktuellen Stand der Vorschriften.

Obwohl dieser Vorschriften-Dschungel unsere Arbeit behinderte, hat er doch auch einen positiven Aspekt: Die Vielfalt der Möglichkeiten zeugt von einer bunten, üppig blühenden Bildungslandschaft. Lassen wir uns von dieser Kreativität anstecken! Nützen wir den Blick über unseren engen Länderzaun in Nachbars Garten, lernen wir aus anderen Erfahrungen, probieren wir mal was Neues, lassen wir uns inspirieren von fremden Ideen. Versuchen wir, diesem vielgestaltigen Phänomen „Oberstufenarbeit" das pädagogische Gewicht und die Attraktivität zu geben, die es verdient. Vielleicht kann dieses Buch – gerade durch das Aufzeigen der verwirrenden Vielfalt – dazu beitragen.

Darüber hinaus wagen wir es, Anregungen zu geben, wie aus Anlass der Anfertigung oder Präsentation von Arbeiten eine „neue Schulkultur" entstehen könnte. Nützen wir doch diese Gelegenheiten, unserem oft gleichförmigen Schulalltag ein weites, buntes Feld hinzuzufügen.

Ihnen, liebe Kolleginnen und Kollegen, wünschen wir einen raschen Durchblick durch die formalen Aspekte und viel Spaß bei der Betreuung der Arbeiten. Lernen Sie die Schüler von ganz anderen Seiten kennen, zeigen Sie ihnen andere Seiten von sich und feiern Sie mit ihnen am Ende den Erfolg der gelungenen Arbeit. Der pädagogische Gewinn entschädigt uns für die Mühen.

BMW + WMB

Inhaltsverzeichnis

Einleitung

Ein Blick zurück

Die Begriffe „Facharbeit", „besondere Lernleistung", „Seminararbeit" „Jahresarbeit" und andere sind „historisch" bedingte Schöpfungen der Kultusministerien, mit denen sie neue Lern- und Bewertungsformen in die ab Ende der 60er-Jahre reformierte gymnasiale Oberstufe einbrachten.

Vorher zählte allein das in der Reifeprüfung Erreichte. Manche Schülerin hatte einen guten Tag, mancher Schüler hatte Glück, weil gerade das Thema geprüft wurde, das er vorbereitet hatte. Andere hatten knapp vorbei gezielt oder die Prüfung lief aus irgendeinem Grunde nicht so recht. Dieses Verfahren bevorzugte Schüler mit starken Nerven. Um auch Durchschnittsschülern größere Chancen zu geben und das Ergebnis vom Zufall in der Prüfungssituation weniger abhängig zu machen, wurden nun auch die Leistungen aus dem Unterricht der davor liegenden Halbjahre mit einbezogen ($^2/_3$ der Endnote). Dazu trat als zusätzliche Möglichkeit, sich besonders zu profilieren, die Facharbeit und – jetzt neu – die besondere Lernleistung.

Da die Bundesländer unterschiedliche Bildungsauffassungen vertraten und vertreten, beruhen die Regelungen bezüglich der Oberstufe nicht nur auf einheitlichen Verabredungen der Länder untereinander, sondern oft gerade auf Versuchen, sich von (den) anderen abzugrenzen. Die gemeinsame Konferenz der Kultusminister (KMK) hat daher die Aufgabe, das auseinander driftende deutsche Bildungssystem durch Kompromisse halbwegs vergleichbar zu gestalten. Nur so kann z. B. der Hochschulzugang bundeseinheitlich geregelt werden. Ein Beispiel: Als die „besondere Lernleistung" bei der Neuordnung der gymnasialen Oberstufe (Kultusministerkonferenz, Vereinbarung vom Februar 1997) das Licht der Schulwelt erblickte, war einer der Geburtshelfer das Land Bayern. Es hatte allerdings immer etwas völlig anderes gefordert: ein fünftes Prüfungsfach im Abitur, um eine möglichst breite Allgemeinbildung zu sichern. Nun nimmt dessen Rolle quasi die besondere Lernleistung ein, die ein Fünftel an der Prüfungsqualifikation ausmachen kann.

Ein Blick in Vergangenheit und Zukunft

Besondere Lernleistung und Facharbeit gehen zwar auf nun schon „alte" Zielsetzungen der späten 60er-Jahre zurück: Verbesserung der Studierfähigkeit, wissenschaftspropädeutisches Arbeiten und stärkere Individualisierung der Schulbildung. Diese Forderungen sind jedoch immer noch aktuell. Hinzugekommen ist ein Katalog von „Schlüsselqualifikationen", der Ruf nach höherer Flexibilität und die Bereitschaft zu stetigem eigenständigen Dazulernen. Diese Forderungen kommen vor allem aus der Wirtschaft und betreffen die zukünftige Arbeitswelt.

Die Schule hat sich mittlerweile besser auf diese Ziele eingestellt. Von „unten", aus den Grundschulen, wachsen inzwischen Schülergenerationen hoch, die neue Lerntechniken, wie Freiarbeit, projektartiges Vorgehen, fächerübergreifendes Arbeiten, mitsamt deren konkreten Arbeitsmethoden gelernt haben. Häufig sind die Gymnasien bzw. deren Lehrkräfte noch nicht in der Lage, diese Fähigkeiten über die Mittelstufe bis in die Oberstufe zu erhalten und zu erweitern, in der sie bei den besonderen Lernleistungen und Facharbeiten benötigt werden. Einige Bundesländer richteten inzwischen ein neues Schulfach zu Beginn der Kursstufe ein, das Seminarfach, in dem vorwiegend methodenorientiert und fächerübergreifend gearbeitet wird.

Diese Ausweitung des Methodenrepertoires in den Schulen mit stärkerer Handlungsorientierung, Förderung von Eigeninitiative, Selbstverantwortung, Selbsttätigkeit und neuartigen Leistungsanforderungen kann zu einer veränderten Schülerrolle mit mehr Selbstständigkeit führen. Auch die Lehrerrolle könnte sich ändern: vom allwissenden Wissensvermittler zum helfenden Partner im Lernprozess.

Dabei können, gerade durch besondere Lernleistungen, die Teilnahme an Wettbewerben und Facharbeiten, Schulen angeregt werden, sich stärker zu öffnen. Mögliche Partner sind dabei Wirtschaft, Industrie und Firmen, Institutionen, Behörden und Forschungsinstitute. Hinzu kommt das Internet als virtuelle Institution. Nebenbei erlernen Schülerinnen und Schüler viele Aspekte der Computerarbeit – vom einfachen Formatieren über anspruchsvollere Techniken, wie Tabellenkalkulation, bis zur Internetrecherche in ausländischen Bibliotheken.

Schon in der Grundschule lernen Schülerinnen und Schüler, ihre Freiarbeitsergebnisse darzustellen. Diese Fähigkeit, einer Öffentlichkeit die eigene Arbeit zu präsentieren, muss weiter optimiert werden, bis hin zu Schulfesten und Wettbewerben. Sie gehört heute zum Standardrepertoire in Studium und Beruf. Umgekehrt ergeben sich aus den individuellen, vielfältigen Schülerarbeiten Motivationen und Inhalte für Ausstellungen innerhalb der Schule und über diese hinaus. So kann das Schulleben farbiger, lebendiger und attraktiver werden. Präsentationen bei Schulfesten und Berichte in der lokalen Presse fördern die Identifizierung mit der Schulgemeinschaft. Die Verbesserung des „Schulklimas" wiederum wirkt positiv auf die individuelle Lernwilligkeit zurück.

1. Ziele

Die Facharbeit und ebenso die besondere Lernleistung (Wettbewerbsarbeit, Jahresarbeit, Projektarbeit usw.) bieten in der Oberstufe des Gymnasiums die einmalige Chance, eine Vielzahl von Zielen zu verfolgen, die durch den normalen Unterrichtsalltag nur ansatzweise erreicht werden können. Neben den rein auf das Fach bezogenen Aspekten gibt es eine Reihe von erzieherischen Zielen, die im Rahmen einer solchen Arbeit angestrebt werden.

Die allgemeine Hochschulreife bescheinigt den Absolventen des Gymnasiums Studierfähigkeit. Während des Studiums muss eine Vielzahl von schriftlichen Arbeiten, z. B. Seminararbeit, wissenschaftliche Hausarbeit, Zulassungs- und Diplomarbeit, Dissertation etc., erstellt werden. Die Universität setzt meist voraus, dass die Studenten diese Arbeiten sachgemäß und korrekt ausführen können.

An welcher Stelle ihres Schullebens erwerben die späteren Studenten jedoch diese Kenntnisse? Die Facharbeit oder die komplexere besondere Lernleistung ist zwar noch keine wissenschaftliche Arbeit. Die Schüler und Schülerinnen können an dieser Stelle jedoch die notwendigen Kenntnisse erwerben sowie die Methoden und Techniken erlernen, um an der Universität eine wissenschaftliche Arbeit anzufertigen. Das Erlernen der Grundprinzipien wissenschaftlichen Arbeitens und der selbstständigen Erstellung und Präsentation eines erarbeiteten Sachverhaltes wird nicht nur an der Universität verlangt; in sämtlichen Berufen, die ein Abiturient anstrebt, erwartet man selbstständiges, überlegtes Handeln verbunden mit einem klaren Zeit- und Informationsmanagement. All dies sind Fähigkeiten, die sich Schüler im Rahmen einer Facharbeit oder besonderen Lernleistung aneignen können.

Im Unterschied zu vielen anderen Formen des schulischen Lernens ist der Schüler bei der Themenfindung der Facharbeit oder der besonderen Lernleistung eng mit einbezogen. In einigen wenigen Bundesländern, z. B. Niedersachsen, ist der Schüler leider an der Themenwahl vor allem aus zeitlichen Gründen jedoch nur wenig beteiligt (s. Kapitel 3.2). Im Regelfall sucht er oder sie sich eigenständig ein Fach aus, wählt den Gegenstand der Arbeit weitestgehend selbstständig und formuliert gemeinsam mit dem Lehrer das Thema. Das Einverständnis des Schülers mit dem Thema ist eine wesentliche Voraussetzung für die Anstrengung und Energieleistung, die der Schüler bei dem Erstellen einer Arbeit aufbringen muss. Die individuelle Themenstellung und das persönliche Interesse sind ein Pool für die Motivation, die im Laufe der Monate ein Motor für die Arbeitsfortschritte ist.

Nachfolgend sind die wichtigsten Ziele und Fähigkeiten aufgeführt, die man im fachlichen, methodischen und erzieherischen Bereich im Rahmen einer Facharbeit oder besonderen Lernleistung anstreben und erwerben kann:

Fachbezogene, methodische Ziele und zu erwerbende Fertigkeiten

In exemplarischer Weise *vertiefen* die Schüler bei der Erstellung einer Facharbeit bzw. einer besonderen Lernleistung ihr *Wissen*. Sie arbeiten sich tief in die vielfältigen Facetten ihres speziellen Fachgebietes ein. Bei ihrem Thema dringen sie tiefer in die Materie ein, als es in der Schule normalerweise üblich ist. Sie reflektieren des Weiteren all die *Methoden der Naturwissenschaften*, die sie in den vergangenen Schuljahren kennen gelernt haben und wählen nach gründlicher Überlegung die für ihre Arbeit geeignete Methode aus. Diese wenden sie in der Arbeitsphase an und bewerten sie am Ende. Alle Arbeitsprozesse sind sehr intensiv und fordern bzw. fördern die Schüler sehr stark.

Die erste Schwierigkeit stellt sich meist schon bei der *Problemerkennung*, die zweite bei der *Entwicklung einer Lösungsstrategie* und der *Auswahl einer geeigneten Untersuchungsmethode* zur Problemlösung. Die Durchführung und vor allem die *Auswertung* und *Interpretation* ihrer speziellen *Ergebnisse* ist ein wichtiger Lernprozess, der bei jedem Einzelnen vonstatten geht. Die *Evaluation der Versuche*, der Untersuchung und des gesamten Prozesses ist eine weitere Schwierigkeit, vor die die Schüler am Ende gestellt werden. All diese Aspekte finden im Kleinen in jedem naturwissenschaftlichen Unterricht an der einen oder anderen Stelle statt, der einzelne Schüler ist jedoch sonst nie an ein und derselben Stelle all diesen Problemen gegenüber gestellt. Selten findet man im herkömmlichen Unterricht ein so hohes Motivationsniveau bei Schülern, all diese Probleme so gut wie möglich zu lösen. Diese Motivation hängt ursächlich mit dem selbst gewählten Thema und der Verantwortlichkeit des Einzelnen für seine Arbeit zusammen.

Die Schüler müssen des Weiteren meist aus einer Fülle von *Literatur* die für sie geeignete auswählen und diese mit ihrer Arbeit vergleichen und bewerten. Dabei ist es nötig, die Inhalte sinnvoll zu gliedern und zu gewichten. Selbstständigkeit ist hierbei häufig erstmals erforderlich beim *Informationserwerb*, sei es bei der Literatursuche in einer Bibliothek, über das Internet oder durch persönliche Befragung. Dies kann ein Anlass sein, entsprechende Einrichtungen kennen zu lernen. Erstrebenswert ist: Die Schüler müssen selbst aktiv werden und sich die Informationen beschaffen. Das ist ein entscheidender Unterschied zur häufigsten schulischen Arbeitsform, des Klassenunterrichts, bei dem die Schüler meist die gesamte Information wie auf einem Tablett serviert bekommen.

All diese Tätigkeiten kosten viel Zeit. Die Schüler erkennen deshalb sehr schnell, dass eine intensive *Zeit- und Arbeitsplanung* notwendig ist, vor allem wenn sie bei experimentellen Arbeiten auf Andere (wegen Aufsichten, Materialbeschaffung o. ä., siehe Kapitel 4) angewiesen sind.

Parallel zu der Entstehung der Arbeit entwickeln die Schüler ihre *Fertigkeiten am Computer*. In vielen Bundesländern ist es zwar erlaubt, eine Arbeit auch handschriftlich zu verfassen (s. Kapitel 2), wir halten es jedoch für notwendig, die Schüler zu drängen, sich mit dem Computer auseinander zu setzen. Die hierbei zu erwerbenden Fertigkeiten mit Textverarbeitungs- und Grafikprogrammen bzw. Tabellenkalkulationsprogrammen werden heutzutage in der Arbeitswelt vorausgesetzt. Den eventuell durch unterschiedliche Finanzkraft der Eltern entstehenden Ungerechtigkeiten kann man in der Schule durch einige Maßnahmen begegnen (Tipps zu diesem Thema haben wir in Kapitel 4 aufgeführt). Des Weiteren lernen die Schüler *Präsentationstechniken*. Sie müssen ihre Arbeit in einem Kolloquium verteidigen, in einer Schulversammlung oder zumindest im jeweiligen Kurs vorstellen und interessant präsentieren.

All diese Fähigkeiten erwerben die Schüler und Schülerinnen partiell auch an verschiedenen Stellen des herkömmlichen Unterrichts, jedoch werden sie selten so intensiv von jedem Einzelnen eingefordert, wie bei der Erstellung einer Facharbeit oder besonderen Lernleistung. Außerdem werden die Fähigkeiten hier integrativ zu einem ganzheitlichen Prozess zusammengeführt.

Fachliche und methodische Ziele

- Vertiefung des Fachwissens
- Erwerb von Methodenkenntnis
- Erkennen des Problems, Definition und Entwicklung einer Lösungsstrategie
- Hypothesenbildung und Auswahl einer geeigneten Untersuchungsmethode
- Auswertung und Interpretation von Ergebnissen und Beobachtungen: Hypothese, Ergebnisse, Korrektur
- Evaluation der Ergebnisse, des Vorgehens und des Gesamtprozesses
- Gliederung und Gewichtung von Inhalten
- kritische Bewertung der Fachliteratur
- Arbeits- und Zeitplanung
- Informationserwerb: Suche und Auswahl von Literatur in Bibliotheken, Zeitschriften, Internet und über Gespräche mit Experten in Firmen, Instituten etc.
- Fertigkeiten am Computer: Textverarbeitung, Grafikprogramme, Internet
- Präsentation der Ergebnisse: schriftlich und verbal bzw. grafisch

Persönlichkeitsbildende Ziele und zu erwerbende Fähigkeiten

Neben den fachbezogenen Zielen und Fertigkeiten wird jedoch auch eine Vielzahl von erzieherischen Aufgaben erfüllt. Eine Erziehung zur Selbstständigkeit findet automatisch im Verlauf der Arbeit statt, in der eine Schülergruppe oder ein einzelner Schüler in eigener Verantwortung eine Arbeit strukturiert, entwickelt und umsetzt. Quasi beiläufig wird in diesem Prozess von Gespräch zu Gespräch ein Stück Selbstständigkeit erworben. Dieses Stück ist individuell natürlich sehr unterschiedlich – abhängig davon, wie intensiv jeder sich darauf einlässt.

Ein großer Lernfortschritt muss bei der Frustrationstoleranz und der Ausdauer gemacht werden. Naturwissenschaftlichen Experimenten ist es leider oftmals zu Eigen, dass sie anfangs häufiger misslingen als gelingen. Dies zu akzeptieren und trotzdem am Ball zu bleiben, kostet die Schüler sehr viel Kraft. Um so stolzer sind sie dann, wenn sie es – wider eigenes Erwarten – geschafft haben. Auch dies stärkt wiederum ihr Selbstbewusstsein und fördert ihre Selbstständigkeit.

Zuverlässigkeit, Ehrlichkeit und Sorgfalt – sowohl beim experimentellen Arbeiten als auch bei der Literaturrecherche und Aufarbeitung – sind eine Grundbedingung für wissenschaftliches Arbeiten. Bei indirekten Zitaten oder dem tausendsten misslungenen Experiment sind Schüler oft unbewusst versucht, die Darstellung in der Arbeit etwas zu verfälschen. Dem Lehrer obliegt es hier, die Schüler immer wieder an das Lernziel Ehrlichkeit zu erinnern, sie psychisch zu unterstützen, aufzubauen und ihnen durch geschickte Gesprächsführung die Stärken der eigenen Arbeit aufzuzeigen und sie auch dazu zu bringen, die Leistungen anderer zu respektieren.

Die Problematik vieler Gruppenarbeiten liegt häufig in der Abstimmung des Teams. In dieser Situation eine möglichst reibungsfreie, effektive Arbeit mit einer dennoch intensiven inhaltlichen Auseinandersetzung zustande zu bringen, erfordert sehr viel Kooperationsfähigkeit und Abstimmung. Kooperationsfähigkeit ist jedoch auch bei individuellen Arbeiten notwendig. Kooperation findet bei der Informationssuche, bei der Nutzung limitierter Geräte oder Materialien und nicht zu vergessen zwischen Lehrer und Schüler statt. An dieser Stelle ist einer der Lernpunkte auch Kritikfähigkeit. Kritik konstruktiv aufzunehmen und positiv in der eigenen Arbeit umzusetzen, ist ein großer Arbeits- und Erkenntnisbereich während sämtlicher Gespräche in der Entstehungszeit der Arbeit. Während der Arbeit wird ebenso die *Urteilsfähigkeit* geschult. Bei der Auseinandersetzung mit der Literatur findet ein Lernprozess statt, der Schüler allmählich in die Lage versetzt, Aussagen entweder als Meinung oder belegte

Persönlichkeitsbildende Ziele

– Selbstständigkeit
– Ausdauer
– Frustrationstoleranz
– Zuverlässigkeit
– Sorgfalt
– Ehrlichkeit
– Respektieren der Leistungen anderer
– Teamfähigkeit bei Gruppenarbeiten
– Kooperationsfähigkeit
– Kritikfähigkeit
– Urteilsfähigkeit
– Entscheidungsfähigkeit
– Interesse und Neugier

Tatsache einzuordnen. Allmählich können *Entscheidungen* schneller und sicherer getroffen werden, um das Ziel der Arbeit stringent anzusteuern.

Zusammen genommen sind all diese Fähigkeiten – gemeinsam mit *Interesse* und *Neugier* – notwendig, ein späteres Universitätsstudium zu absolvieren und können in dem Begriff „Studierfähigkeit" zusammengefasst werden. Wie schon erwähnt, sind diese Fähigkeiten jedoch heute auch die Voraussetzung für jede erfolgreiche Berufstätigkeit.

Mit dem Verfassen einer Facharbeit oder einer besonderen Lernleistung in der gymnasialen Oberstufe beweist ein Schüler, dass er über das Wissen und die Kombinationsfähigkeit, die in der Abiturprüfung verlangt werden, hinaus ein langfristig gestecktes Ziel verfolgen und zu einem präsentierbaren Abschluss bringen kann. Damit kommt dieser Arbeit am Ende der Schulzeit derselbe Stellenwert zu, wie der wissenschaftlichen Arbeit am Ende des Studiums.

2. Der formale Rahmen

2.1 Definitionen

Facharbeit

Die Facharbeit ist eine selbstständige schriftliche Ausarbeitung zu einem Thema, das einem Leistungskurs[1] zugeordnet werden kann. Das Thema soll eng gefasst, überschaubar und genau formuliert sein. Die Facharbeit kann Noten von Klausuren oder ganzen Kursen ersetzen (s. Übersicht Seite 16/17 und Länderliste im Anhang Seite 74 ff.).

Besondere Lernleistung

Die besondere Lernleistung ist eine neue Form der individuellen schriftlichen Arbeit und in einigen Bundesländern (noch) nicht exakt definiert. Sie ist an einen mindestens zweisemestrigen Kurs (Grund- oder Leistungskurs) gebunden und kann auf Wunsch des Schülers in die Prüfungsqualifikation eingebracht werden (s. Übersicht Seite 74 ff.).

Eine besondere Lernleistung kann sein: „ein umfassender Beitrag aus einem von den Ländern geförderten Wettbewerb, eine **Jahres**- oder **Seminararbeit**, die Ergebnisse eines umfassenden, auch fächerübergreifenden **Projektes** oder Praktikums in Bereichen, die schulischen Referenzfächern zugeordnet werden können. Die besondere Lernleistung ist schriftlich zu dokumentieren. Voraussetzung für die Einbringung ist, dass die besondere Lernleistung oder wesentliche Bestandteile noch nicht anderweitig im Rahmen der Schule angerechnet wurden." (Vereinbarung der KMK vom 28.2.1997, S. 24)

Da die besondere Lernleistung noch neu ist, sind viele Aspekte noch ungeklärt, z. B. die Anerkennung von „Projekten" oder „Praktika". Es ist zu erwarten, dass die Kultusministerien genauere Definitionen auf dem Verordnungsweg nachreichen werden. Um unliebsame Überraschungen zu vermeiden, sollten sich Lehrer und Schüler also vorsichtshalber immer aktuell erkundigen, unter welchen konkreten Bedingungen eine Arbeit als besondere Lernleistung anerkannt werden darf.

In Rheinland-Pfalz z. B. ist die besondere Lernleistung ausdrücklich *nicht* an die Fächer gebunden, die eine Schülerin oder ein Schüler belegt hat. Dies eröffnet zusätzliche Bildungs- bzw. Tätigkeitsmöglichkeiten.

Jahresarbeit

Für die Jahresarbeit gibt es noch keine konkreten Ausführungsbestimmungen und Erfahrungen. Allerdings ist ihr Thema nicht an einen Leistungskurs gebunden, d. h. es kann auch aus dem Stoff eines Grundfaches oder fächerübergreifend sein. Dies eröffnet Möglichkeiten z. B. für Schüler, die ein Thema aus der Chemie bearbeiten wollen, an deren Schule aber kein Chemie-Leistungskurs zustande kommt oder die ihn aus organisatorischen Gründen nicht belegen können. In Rheinland-Pfalz ist diese Arbeit sogar dann möglich, wenn der Schüler oder die Schülerin Chemie überhaupt nicht belegt hat bzw. belegen konnte.

Die Bewertung der Jahresarbeit geht – als besondere Lernleistung – in die Prüfungs-

---

[1] In einigen Ländern kann die Facharbeit auch in einem Grundkurs angefertigt werden (s. Länderliste Seite 74 ff.).

qualifikation ein. Umfang und Anspruch einer Jahresarbeit müssen ihrer Gewichtung (20 % der Qualifikation im Prüfungsbereich) entsprechen. Das bedeutet, dass an sie höhere Anforderungen gestellt werden, als beispielsweise an eine drei Monate dauernde Facharbeit.

Seminararbeit, Seminarfacharbeit

Die Seminararbeit ist eine schriftliche Arbeit, die im „Seminarfach" bzw. „Seminarkurs" (s. Länderübersicht Seite 74 ff.) angefertigt wird. Da diese Kurse und ihre Inhalte besonderen Regelungen unterliegen, die zum Teil in der Verantwortung der Schulen liegen und dort an die aktuellen Gegebenheiten angepasst werden müssen, kann hier keine allgemeine Aussage über die Seminararbeit gemacht werden. Die Bewertung der Seminararbeit geht in die Note der Seminarkurse ein und kann mit diesen – als besondere Lernleistung – in die Prüfungsqualifikation eingebracht werden.

Belegarbeit, Arbeit im Projektkurs

Es handelt sich um Schülerarbeiten in länderspezifischen, fächerübergreifenden Oberstufenkursen ähnlich dem Seminarkurs, die sehr speziellen, meist schulintern geregelten Bedingungen unterliegen. Sie können hier nicht dargestellt werden.

Neben den Bezeichnungen für die verschiedenartigen Arbeiten in der gymnasialen Oberstufe spielen in den Verordnungen der Kultusministerien noch weitere Begriffe eine Rolle, die hier ebenfalls erläutert werden sollen.

Kolloquium, Abschlussgespräch

Für viele der vorab genannten Arbeiten gilt die folgende allgemeine Regelung entsprechend: „In einem Kolloquium stellt die Schülerin oder der Schüler die Ergebnisse der besonderen Lernleistung dar, erläutert sie und antwortet auf Fragen." (KMK 2/97, S. 24)

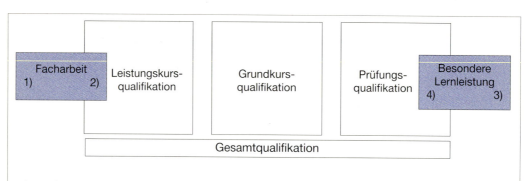

Anmerkungen:
1) nicht in allen Bundesländern möglich, ursprünglich nur im LK, jetzt teilweise auch im GK, in einigen Ländern obligatorisch
2) ersetzt, je nach Land, ein oder zwei Klausuren, Leistungskursnote(n)
3) nicht in allen Ländern möglich, immer freiwillig
4) ersetzt Kurshalbjahresnoten oder ändert deren Gewichtung

Übersicht über die Grundstruktur der Abiturqualifikation

Dieses Kolloquium dient allerdings nicht nur der Darstellung, sondern auch der Überprüfung der Selbstständigkeit der Leistung. Deshalb geht das Ergebnis des Kolloquiums auch in die Bewertung der Arbeit ein.

In manchen Ländern ist genau geregelt, wer beim Kolloquium anwesend ist, wer beurteilt und wie lange es dauert (z. B. in Hamburg ca. 30 Minuten). Meist fehlen jedoch generelle Regelungen, d. h. die Fachkonferenz der Schule legt sie fest.

In den Ländern, in denen obligatorisch Facharbeiten von *allen* Teilnehmern eines Kurses durchgeführt werden, muss sich die Zeit für das Abschlussgespräch dem anpassen. So gibt es in Niedersachsen neben dem „Kolloquium" bei der besonderen Lernleistung mit genau festgelegtem Prüfungsausschuss das kursinterne, kürzere Abschlussgespräch über die Facharbeit, das darüber hinaus der Information der Kursmitglieder dient.

Gemeinschaftsarbeiten

„Bei Arbeiten, an denen mehrere Schülerinnen oder Schüler beteiligt waren, ist die Bewertung der individuellen Schülerleistung erforderlich" (KMK 2/97, S. 24). In den meisten Ländern ist die Schülerzahl bei Gemeinschaftsarbeiten auf maximal drei begrenzt. Ihr Rahmenthema soll in Unterthemen gegliedert sein, um eine individuelle Leistung zuordnen zu können und diese danach zu bewerten.

Fächerübergreifende Themen

Bei fächerübergreifenden Themen muss eine einzelne Lehrkraft die Verantwortung – von der endgültigen Festlegung des Themas bis zur Bewertung – übernehmen, bei Gemeinschaftsarbeiten mit Unterthemen eventuell auch mehrere. Selbstverständlich ist es auch bei Einzelarbeiten sinnvoll, eine Lehrkraft aus dem anderen Fach um Hilfe zu bitten, sowohl bei der Themenfindung (Schwierigkeit und Umfang) als auch bei der Bewertung. In jedem Fall liegt es im Interesse sowohl der Schülerinnen und Schüler als auch der Lehrer, die Verantwortlichkeiten möglichst früh und klar zu besprechen und zu vereinbaren.

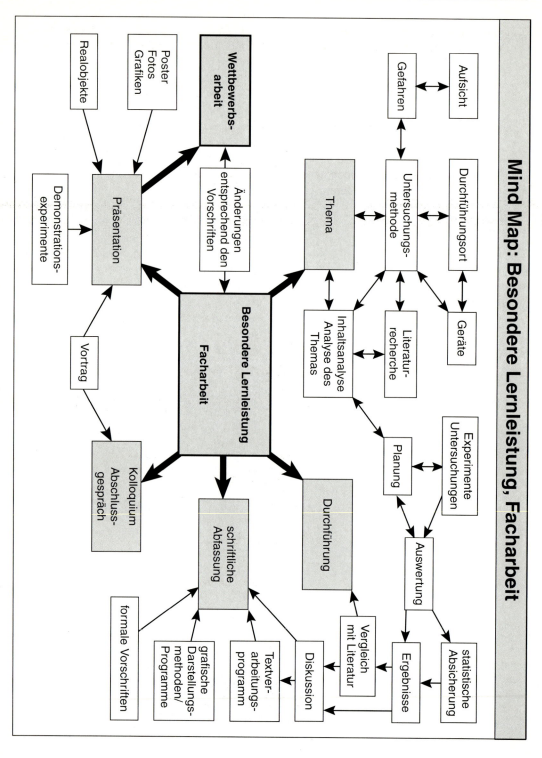

2.2. Bestimmungen der einzelnen Bundesländer (Übersicht)

Die Erlasse, Verordungen und Durchführungsbestimmungen zu Facharbeiten und besonderen Lernleistungen werden zur Zeit in vielen Bundesländern neu entwickelt oder verändert. Der folgende Überblick enthält alle Informationen, die uns bis zum Sommer 1999 zugänglich waren, in der aktuellen Fassung. Vor der Vergabe von Arbeiten sollte sich jede Lehrkraft unbedingt über den neusten Stand in seinem Bundesland informieren.

Besondere Lernleistung

In fast allen Bundesländern haben die Schülerinnen und Schüler die Möglichkeit, eine besondere Lernleistung in die Abiturqualifikation einzubringen. Lediglich in Bayern ist dies zur Zeit nicht vorgesehen. In anderen Ländern ist dies erstmals im Schuljahr 2000/2001 möglich.

Den Rahmen für die Anfertigung und Bewertung gibt die Vereinbarung der Kultusministerkonferenz vom 28.2.1997 an (s. Seite 11). Eine besondere Lernleistung kann der Beitrag zu einem vom Bundesland geförderten Wettbewerb sein. Sie kann aber auch fachgebunden (mindestens 2 Semester) angelegt sein oder in einem speziellen Kurs entstehen. Dies kann ein Seminarkurs (Baden-Württemberg, Thüringen), ein Projektkurs (Mecklenburg-Vorpommern) oder ein Begleitkurs (Hamburg) sein.

Die Grundzüge der besonderen Lernleistung sind im Kapitel Definitionen (s. Seite 11 ff.) beschrieben. Eine ausführliche Sammlung der Regelungen der einzelnen Bundesländer ist im Anhang (s. Seite 74 ff.) zu finden.

Facharbeiten

Die formalen Bedingen für Facharbeiten variieren wesentlich stärker in den verschiedenen Bundesländern. Die folgende Übersicht kann der Orientierung dienen. Eine ausführliche Zusammenstellung der Regelungen in den einzelnen Bundesländern befindet sich ebenfalls im Anhang (s. Seite 74 ff.).

Übersicht der Regelungen zu Facharbeiten

	obligato-risch	Zeitraum	Dauer	Umfang	GK oder LK	an Kursthema gebunden
Baden-Württem-berg	nein	1. Tag 12.2. bis 15.10.	ca. $1/2$ Jahr	10 bis 20 Seiten	LK	nein
Bayern	ja	Anfang 12.2 bis Ende 13.1	ca. 12 Mo-nate	10 bis 20 Seiten (alte Empfehlung)	LK	nein
Branden-burg	nein	GK: 12.1 bis 13.2 LK: 12.1 bis 13.1	bis 6 Mo-nate	keine Angaben	GK oder LK	nein
Bremen	nein	ab Anfang 12.2	6 Monate (+ evtl. 1 Monat)	keine Angaben	LK	nein
Hamburg	nein	12.2/13.1	$1/2$ Jahr	10–15 Seiten Gruppe: bis zu 35 Seiten	LK	nein
Mecklen-burg-Vor-pommern	nein	keine Angaben	keine Angaben	keine Angaben	GK oder LK	ja
Nieder-sachsen	ja	in der Regel 12.2/13.1	ca. 6 Wo-chen reine Erarbei-tungsphase*	max. 15 Sei-ten	LK	ja
Nordrhein-Westfalen	ja	12.1 oder 12.2	keine Angaben	8 bis 12 Sei-ten	LK oder GK	nein

In **Berlin, Hessen, Rheinland-Pfalz, Saarland, Sachsen, Sachsen-Anhalt, Schleswig-Holstein** und **Thüringen** sind Facharbeiten nicht vorgesehen.

* nicht verbindliche Empfehlung

Gruppen-arbeit	Hinweise zur Durchführung	Bewertung durch	ersetzt	Bemerkungen
möglich	Beratungs-gespräche	LK-Lehrer	beide LK-Noten 13.2 im LK-Be-reich	nur an Versuchsschulen, No-tenbekanntgabe Ende 13.1; Schüler entscheidet nach Kurs-noten 13.2 über Einbringung
nicht mög-lich	Beratungs-gespräche	LK-Lehrer, Prü-fungsgespräch	geht in 2-facher Wertung in den LK-Block ein	vorläufiges Thema als Arbeitsti-tel zulässig
möglich	Beratung	Kurslehrer	eine Kursklausur	gilt als „anderer Leistungs-nachweis"
nicht mög-lich	keine Angaben	Kurslehrer und weiteren Lehrer	beide LK-Noten 13.2 im LK-Block	über die Einbringung entschei-det der Schüler
möglich	Die Arbeit muss vor den Früh-jahrsferien abge-geben werden.	Ausschuss (3 Mitglieder) Abschlussge-spräch	beide LK-Noten 13.2 im LK-Block	Abschlussgespräch: ca. 30 min; 20 min pro Schüler bei Gruppen
keine Anga-ben	keine Angaben	Kurslehrer	keine Klausur, Teil der mündli-chen Leistung	Facharbeiten haben einen sehr geringen Stellenwert, sie sind nicht näher definiert.
möglich (bis 3 Schüler)	keine Angaben	LK-Lehrer	beide Klausuren im LK	Gesamt- und Fachkonferenz füllen vorhandene Spielräume.
möglich	Zwischenbe-richte empfoh-len, bei Gruppen obligatorisch	Fachlehrer	eine Kursklausur	Die Schule legt fest, welche Klausur durch die Facharbeit ersetzt wird.

17

2.3 Vorschriften

Die Vorschriften der einzelnen Bundesländer unterscheiden sich sowohl hinsichtlich der Inhalte als auch in ihrer Detailliertheit. Manche Kultusministerien schreiben vor, wie viele Zentimeter Rand die schriftliche Fassung haben muss, andere delegieren derlei an die Fachkonferenzen der Schulen (s. Seite 19).

Informieren der Schülerinnen und Schüler

Unabhängig davon, ob die Vorschriften und Festlegungen vom Kultusministerium oder von den Fachschaften der Schule getroffen wurden, müssen die Schülerinnen und Schüler *vor* Beginn der Arbeit oder in den Anfangsgesprächen darüber informiert werden. Das geschieht zweckmäßigerweise durch schulinterne Formblätter oder durch Aushang.

Wenn diese Dinge *nicht* geregelt und bekannt sind, ist es problematisch, sie hinterher in der Bewertung zu kritisieren.

Vieles, vom rein Formalen (Regeln zur formalen Gestaltung) über Art und Inhalt eines Anhangs bis zum inhaltlichen Aufbau lässt sich durch das Auslegen einer „Musterarbeit" anschaulich und mit wenig Aufwand darlegen.

Kopierfähige Musterseiten s. Anhang Seite 104 ff.

Der Umfang der Arbeit / Formales

Seltsamerweise korreliert der von den Kultusbehörden vorgeschriebene *Umfang* der

Facharbeiten (zwischen 8 und 20 Seiten) kaum mit ihrem Gewicht hinsichtlich der Qualifikation und dem an sie gerichteten Anspruch. So entspricht ihr Schwierigkeitsgrad in Nordrhein-Westfalen (8 bis 12 Seiten Länge) einer Klausur, in Niedersachsen zwei Klausuren, in Hamburg („soll 15 Seiten nicht überschreiten") ersetzt sie die Noten beider Leistungskurse des letzten Halbjahres. Hier wird die Facharbeit innerhalb eines halben Jahres erstellt, die besondere Lernleistung soll ein ganzes Jahr dauern. Bezüglich der Dauer der Arbeit fehlen häufig Vorschriften oder sie sind vage, d. h. die Festlegung muss schulintern erfolgen.

Meist – falls überhaupt geregelt – zählen nur die reinen Textseiten zum Umfang, d. h. die formal notwendigen Blätter (Titel, Inhaltsverzeichnis, Schlusserklärung) zählen nicht. Auch ein *Anhang* wird beim Umfang nicht berücksichtigt. Hierher gehören Fotos, z. B. von Versuchsaufbauten oder Schaltskizzen, Messdaten-Listen, Rechenbeispiele für die Auswertung, Computerausdrucke, Kopien von Landkarten und Ähnliches.

Einige Länder lassen ausdrücklich zu, dass die Arbeit auch (ordentlich) handgeschrieben abgefasst werden darf, andere schließen dies mit dem Hinweis auf moderne Datenverarbeitung aus. Handgeschriebene Arbeiten dürfen entsprechend mehr Seiten umfassen.

Die *Gestaltung* der Arbeit ist in Kapitel 5 ausführlich dargestellt.

Dauer und Zeitpunkt

Auch Dauer und Zeitpunkt der Abfassung sind in manchen Ländern nur ganz grob vorgegeben, in anderen detailliert. Auch hier ist letztendlich die Koordination auf der Ebene der Fachkonferenz in der Schule besonders wichtig – gerade auch für Ausnahmen, die bei experimentellen Arbeiten vorkommen können.

Bei praktischen, besonders bei *experimentellen Arbeiten* sind oft „Vorversuche" *vor* Festlegung eines Themas nicht nur sinnvoll, sondern manchmal unbedingt nötig. Hieraus ergibt sich oft, dass eine bestimmte Fragestellung im vorgeschriebenen Zeitrahmen oder zu diesem Zeitpunkt nicht möglich ist.

Dasselbe kann auch bei (anspruchsvolleren) *Literaturarbeiten* geschehen, wenn bestimmte Quellen nicht verfügbar sind. Deshalb ist es auch hier ratsam, die Literaturrecherche teilweise *vor* die Themenfestlegung zu verlegen. Inwieweit dieses Vorgehen möglich ist, muss den jeweiligen Ländervorschriften entnommen werden.

Rolle der Fachkonferenzen

Wenn von der Kultusbehörde nicht schon zentral geregelt, können oder sollen die Fachkonferenzen auf Schulebene Folgendes festlegen:
- formale Regeln der Abfassung: Schriftsatz, Zitierweise, Anzahl der abzugebenden Exemplare; aber auch Aufbau;
- Rahmenregeln für den Umfang, auch für den Anhang und für Gemeinschaftsarbeiten;
- Rahmenregeln für den thematischen und inhaltlichen Umfang und Schwierigkeitsgrad, am besten auch: Erstellen einer Liste möglicher oder bereits geschriebener Themen;
- Regeln für das Experimentieren in oder außerhalb der Schule oder in anderen Institutionen;
- Grundsätze der (fachspezifischen) Bewertung, z. B. Gewichtung der Aspekte

„formale Anlage" zu „methodische Durchführung" zu „inhaltliche Bewältigung";
- Planung der Vorgehensweisen und Dauer, oder Zeitplan (bzw. alternative Zeitpläne) für die Abfassung (Schüler) bzw. Betreuung (Lehrer);
- Verteilung von Arbeiten auf die Lehrkräfte; eventuell auch Bestimmung des Zeitraumes der Arbeiten, z. B. um eine breitere Verteilung zu erreichen;
- Grundsätze für die Kolloquien, z. B. Teilnahme weiterer Lehrkräfte, Form (im Kurs oder in kleinerem oder größerem Rahmen), Dauer, Gewicht bei der Gesamtnote;
- Einigung über Archivierung und Präsentation der Arbeiten in den Fachräumen;
- Durchführung einer Präsentation der Arbeiten eines Jahres innerhalb der Fachschaft oder in der Schulöffentlichkeit;
- Organisation der methodischen Voraussetzungen für eine selbstständige Schülerarbeit (eventuell zusammen mit der Schulleitung oder anderen Fachgruppen;
- Rolle der Arbeiten bezüglich einer „neuen Lernkultur";
- Planung von Freiarbeit und neuen Unterrichtsverfahren zu mehr Selbstständigkeit als Vorbereitung auf Facharbeiten und besondere Lernleistungen;
- Lehrerrolle: Änderung in Anpassung an die genannten Ziele.

2.4 Facharbeit und Unterricht

In den Bundesländern, in denen die Facharbeit nicht innerhalb eines Kurses geschrieben wird, bleibt ihre Note bei der *Kursnote* unberücksichtigt. Umgekehrt ist sie natürlich dort Teil der Kursnote, wo sie im Unterricht angeleitet wurde und eventuell Klausuren dieses Kurses ersetzt.

Entsprechend verhält es sich mit dem *Inhalt* der Facharbeiten. Die meisten Länder sehen die Arbeiten zwar Schulfächern (bzw. Fachwissenschaften) zugeordnet, aber unabhängig vom konkreten Unterricht. Daneben gibt es aber auch die Festlegung, dass sich Facharbeiten „thematisch auf die Inhalte des Leistungskurses" beziehen. Der verpflichtende Bezug zum Thema des Halbjahrs, in dem die Arbeit geschrieben wird (wie in Niedersachsen), stellt eine starke Einengung der Themenmöglichkeiten dar.

Diese Beschränkung hat mehrere Nachteile:
– Sie engt den Horizont der Themen auf den begrenzten Horizont des Lehrplans ein bzw. lässt seine Erweiterung auf die vielen sonstigen Aspekte des Faches weniger zu. Gerade aktuelle oder komplexe Themen sind meist noch nicht zu Unterrichtsstoff geronnen und in Schulbüchern dargestellt, während sie in den Medien reißerisch aufgemacht werden. Die Schule sollte dieses Motivations- und Erweiterungspotential nützen.
– Die Anbindung an Kursthemen erschwert fächerübergreifende Arbeiten.
– Wenn alle Schüler eine an das Kursthema gebundene Facharbeit schreiben müssen, ist es schwierig, genügend attraktive Themen zu finden.
– Ist die Themenvielfalt eingeschränk, steigen die Wiederholungen an derselben und den anderen Schulen des Landes und damit wird der „Markt" für die Weitergabe von Arbeiten bereichert.

Wenn Facharbeitsthemen an das Kursthema gebunden sind, kann eine größere Vielfalt dadurch erreicht werden, dass die Themenfolge der Kurse variiert wird.

2.5 Mehrbelastung von Lehrkräften

In den meisten Bundesländern, so unterschiedlich die Regelungen auch sind, haben Schülerinnen und Schüler Anspruch auf eine Facharbeit bzw. besondere Lernleistung, wenn sie nicht sogar verpflichtend vorgeschrieben ist. Allerdings besteht nicht unbedingt ein Anspruch darauf, die Arbeit in einem bestimmten Fach bzw. bei einer bestimmten Lehrkraft zu schreiben.

Besonders in den Ländern, in denen die Facharbeit für alle Schüler verbindlich vorgeschrieben ist, ergeben sich bei großen Kursen bzw. vielen Schülern, die hier ihre Facharbeit wählen, *enorme Mehrarbeiten für die Lehrkräfte* bei Themenfindung, Hilfe bei Literatur- und Materialbeschaffung, Betreuung, Bewertung, Kolloquien. Deshalb sollten die besonders davon betroffenen einzelnen Lehrkräfte oder Fachkollegien oder das Kollegium insgesamt Regelungen herbeiführen, die Betreuung und Korrektur von Arbeiten gerecht verteilen.

Da die Bedingungen hier nicht nur durch die Oberstufenordnungen und Richtlinien der Kultusbehörden vielfältig sind, sondern auch durch die Gepflogenheiten und Organisationsformen der Schulen (Oberstufengymnasien, traditionelle Gymnasien mit beiden Sekundarstufen, Spezialisierung innerhalb des Kollegiums auf Stufen usw.), kann und soll hier kein Modell vorgeschlagen werden. Es ist dabei natürlich selbstverständlich und aus dem Beamtenrecht notwendig, dass die Lehrkräfte insgesamt, d. h. unter Berücksichtigung ihrer anderweitigen Be- und Entlastungen, vergleichbar belastet werden müssen. Aus dem Personalvertretungsrecht kann man sogar die Mitwirkung des Personalrates beim Aufstellen und bei der Einhaltung solcher Regelungen ableiten. Lehrkräfte, die sich durch Facharbeiten allzu sehr belastet fühlen, können also auch von ihm Hilfe anfordern. Die einvernehmliche Regelung in der Fachschaft ist natürlich zuerst anzustreben.

Doppelbelastung

Nach Bekanntgabe der Ergebnisse der Abiturprüfung müssen sich Schülerinnen und Schüler entscheiden, ob sie ihre bereits lange zuvor angefertigte *besondere Lernleistung* in die Prüfungsqualifikation einbringen und dafür die Noten von Kursen wegfallen lassen bzw. die Gewichtung der Prüfungen verändern. Den Lehrkräften bietet dies keinerlei Vorteil, da *alle* diese Noten ja bereits vorher ermittelt wurden. Dies gilt ebenso für die Wahlmöglichkeit zwischen *Facharbeit* und den beiden Leistungskursnoten des letzten Halbjahrs („Ausgleichsregelung"). Das bedeutet Doppelbelastung durch benoteten Unterricht plus Betreuung und Bewertung der Arbeit, obwohl nur ein Teil davon später relevant ist.

Auch wenn für Facharbeiten Klausuren wegfallen, wird die Belastung der Lehrkräfte meist nicht verringert. Wenn nicht *sämtliche* Schülerinnen und Schüler des Kurses eine Facharbeit statt Klausuren schreiben, bleibt die Arbeit für die Erstellung der Klausur gleich, lediglich die Anzahl der Korrekturen vermindert sich. Dies kann auf keinen Fall die Mehrbelastung durch die Facharbeiten ausgleichen.

Entlastung für die Zusatzarbeit

Als Summe aus dem Gesagten ergibt sich: Die erstrebenswerten pädagogischen Ziele der Facharbeit und der besonderen Lernleistung verlangen von den Lehrkräften deutliche Mehrarbeit. Man sollte deshalb – individuell, auf Fachschafts- oder Kollegiumsebene oder über die Lehrerverbände – immer wieder versuchen, hierfür Entlastung zu bekommen.

> Vielleicht lohnt es sich, bei mehreren zu betreuenden Arbeiten eine speziell dafür eingerichtete Arbeitsgemeinschaft zu fordern, die auf das Stundendeputat angerechnet wird.

Diese Arbeitsgemeinschaft könnte dann z. B. innerhalb der Fachlehrer oder der Fächer jährlich wechseln. Tatsächlich Entlastungsstunden für die Betreuung von Arbeiten zu bekommen, wird in der nächsten Zeit wohl immer schwieriger – in vielen Ländern ist es schon heute angesichts der begrenzten Stundenzuweisung an die Schulen unwahrscheinlich.

Während der Arbeit sollte nicht nur der Schüler sein „Arbeitsjournal" führen. Auch für die Lehrkraft ist es sinnvoll, die Betreuung jeder Facharbeit inklusive der zeitlichen Belastung von Anfang an knapp zu dokumentieren. Das kann wichtig sein zum Antrag oder zur Begründung einer Entlastung oder zur Abwehr von weiterer Zusatzarbeit (z. B. beim Wegfall von Unterricht bei den Abiturienten).

2.6 Wettbewerbe

Laut Vereinbarung der Kultusministerkonferenz können Wettbewerbsarbeiten als besondere Lernleistung anerkannt werden. Mit Wettbewerben ist hier z. B. „Jugend forscht" gemeint. Bedingung ist, dass der Wettbewerb vom Bundesland gefördert ist und die Einreichung einer schriftlichen Arbeit verlangt. Für die Prüfung der Anerkennung ist das Kultusministerium generell und im konkreten Fall die Schulleitung zuständig.

Anerkennung einer Wettbewerbsarbeit

Die Anerkennung einer Wettbewerbsarbeit muss beantragt werden. Sie muss den Erfordernissen der Facharbeit oder besonderen Lernleistung genügen, d. h. eventuell angepasst oder überarbeitet werden. Die Bewertung erfolgt selbstverständlich durch die Fachlehrkraft des Schülers oder der Schülerin. Sie sollte vom Ergebnis im Wettbewerb (Preis oder nicht) unabhängig sein, da dort andere Kriterien gelten und das Erringen von Preisen vor allem von Qualität und Anzahl der Konkurrenten abhängt.

Prinzipiell kann eine Wettbewerbsarbeit als Facharbeit *oder* als besondere Lernleistung anerkannt werden – obwohl sie im zweiten Fall doppelt so viel für die Qualifikation zählt. Allerdings gibt es nur in einigen Ländern beide Arbeitsformen nebeneinander.

Thema, Schwierigkeit und Umfang der Wettbewerbsarbeit und der Schularbeit müssen sich entsprechen. So ist in Niedersachsen eine Anerkennung einer Wettbewerbsarbeit als Facharbeit nicht vorgesehen, da die Facharbeit hier in den Unterricht des Halbjahres integriert ist.

Die Teilnahme an den ersten beiden Runden der Biologie-/ Chemie-/ Physik-Olympiade ist zwar von der Schwierigkeit den schulischen Arbeiten überlegen, allerdings entsprechen die Olympiade-Aufgaben nicht unbedingt deren Kriterien. Es sind voneinander unabhängige, isolierte, schwierige Einzelaufgaben, deren Lösung naturgemäß nur wenig Selbstständigkeit zulässt. Man muss also im Einzelnen nachfragen, ob die Beteiligung an den Olympiaden einer Facharbeit oder besonderen Lernleistung entspricht. (Bei entsprechender Dokumentation können selbst Wettbewerbsbeiträge in Musik, Kunst und Sport anerkannt werden.)

Schulische Arbeit als Wettbewerbsarbeit

Umgekehrt ist es nicht nur zulässig, sondern sogar wünschenswert, dass Schülerinnen oder Schüler gelungene Experimentalarbeiten als Wettbewerbsarbeit einreichen. (Auch hier ist eine Überarbeitung entsprechend den dortigen Richtlinien nötig.) Bei der Einreichung mehrerer Arbeiten in einem Jahr bei „Jugend forscht" erhält die Schule eine finanzielle Zuwendung. Außerdem ist den Schulen die Werbewirkung solcher überregionaler Wettbewerbe und der Berichterstattung in der lokalen Presse willkommen. Für die Schüler und Schülerinnen bedeutet ein solcher außerschulischer Auftritt, die Vorstellung ihrer Arbeit vor einer fremden Kommission und die öffentliche Präsentation, eine enorme Aufwertung der Leistung, aber auch ihrer Person.

2.7 Abiturnote und Facharbeit bzw. besondere Lernleistung

In den Ländern, in denen Facharbeiten oder Seminararbeiten bzw. besondere Lernleistungen nicht zwingend vorgeschrieben sind, werden sie vor allem von zwei – gegensätzlichen – „Schülertypen" in Erwägung gezogen: Einige interessieren sich ganz besonders für ein Fach oder Gebiet und wollen darin etwas „Außerordentliches" leisten, d. h. endlich mal etwas, was über den Unterricht hinausgeht – oft auch als Vorgeschmack auf ein Studium oder als eine Art Mutprobe: „Sie wollen's wissen." – Daneben gibt es auch solche Schüler, die sich von der Arbeit hauptsächlich oder nur eine Verbesserung ihrer Abiturdurchschnittsnote erhoffen, oder gar das Bestehen des Abiturs. Diese Schülerinnen oder Schüler haben oft nur eine begrenzte Liebe für das Fach, in dem sie eine Arbeit durchführen.

Eine Facharbeit oder besondere Lernleistung muss aber nicht in jedem Fall eine Verbesserung der Abiturnote bringen. Wenn ein Schüler vor allem aus *diesem* Grund eine solche Arbeit machen will, sollte er vorher

Übersicht über die Abiturqualifikation	Punkte (mind.)	Punkte (max.)
Grundkursqualifikation	mind. 110 P	max. 330 P
Leistungskursqualifikation	mind. 70 P	max. 210 P
Qualifikation im Prüfungsbereich	mind. 100 P	max. 300 P
Gesamtqualifikation Umrechnung in Noten nach spezieller Tabelle	mind. 280 P = Note 4,0	max. 840 P = Note 1,0

ohne besondere Lernleistung	Kurse bzw. Noten	Wertung
Grundkursqualifikation	22 Grundkurse (davon mind. 16 mit mind. 5 P)	einfach
Leistungsfachqualifikation	6 Leistungskurse (davon mind. 5 mit mind. 5 P) + Facharbeit oder Ausgleich	zweifach
Qualifikation im Prüfungsbereich	Noten des letzten Halbjahres der 4 Prüfungsfächer	einfach
	4 Prüfungsnoten (schriftl. bzw. mündl. Prüfung, mind. 2 mit mind. 5 P, darunter 1 Leistungskurs	*vierfach*

mit besonderer Lernleistung	Kurse bzw. Noten	Wertung
Qualifikation im Prüfungsbereich	Noten des letzten Halbjahres der 4 Prüfungsfächer	einfach
	4 Prüfungsnoten (schriftl. bzw. mündl. Prüfung, mind. 2 mit mind. 5 P, darunter 1 Leistungsfach)	*dreifach*
	Besondere Lernleistung	*vierfach*

Anmerkung: Kurse mit 0 Punkten können in keinem Bereich eingebracht werden! Die insgesamt erreichbaren Punkte sind in beiden Versionen gleich.

genau rechnen, ob sich der hohe Aufwand für diese Arbeit lohnt. Oft vergisst man, dass während der Experimente, Literatursuche, Auswertung und Abfassung der Extraarbeit der Unterricht gleichzeitig normal weiterläuft – mit Hausaufgaben, Klausuren, schriftlichen und mündlichen Überprüfungen usw. Viele Schüler müssen Einbußen bei den normalen Schulnoten dem Gewinn bei der Extra-Note gegenüberstellen. Da die in einer Facharbeit oder besonderen Lernleistung erreichten Punkte nicht zu den im Unterricht erreichten addiert werden, sondern sie teilweise ersetzen, muss die Extraarbeit mindestens so gut sein wie die normale Note, damit sie einen Vorteil bringt.

Als Hilfe bei einer solchen Gewinn-Verlust-Rechnung soll die vorstehende Tabelle über die Qualifikationen dienen. Sie verdeutlicht die KMK-Vereinbarung vom Februar 1997. Da einige Bundesländer jedoch Sonderbedingungen erlassen haben, die zudem noch des Öfteren geändert werden, muss man unbedingt prüfen, ob die hier dargestellte allgemeine Regelung für das eigene Bundesland und die Schulart gilt.

Besondere Lernleistung und Facharbeit als Benotungswunder

Wie schon erwähnt, bringen diese Arbeiten keine *zusätzlichen* Noten, die zu den „normalen" addiert werden, sondern sie ersetzen andere Noten.

In den meisten Bundesländern haben Schülerinnen und Schüler die Wahlmöglichkeit, ihre Arbeit in die Qualifikation einzubringen oder nicht. Sie einzubringen lohnt sich natürlich nur dann, wenn sie höher bewertet wurde als die entsprechend wegfallenden Kursnoten. Dies weiß man jedoch im Allgemeinen erst fast ein Jahr später, wenn die Noten des

letzten Halbjahres (statt Facharbeit) bzw. der Abiturprüfung (statt besonderer Lernleistung) feststehen.

Hieraus ergibt sich ein Unikum: Man macht eine besondere Arbeit, die auch besonders anstrengend und zeitraubend ist und dadurch eventuell die Leistungen in anderen Fächern mindert, und stellt dann ein Jahr später eventuell fest, dass die Arbeit *im Hinblick auf die Note* überflüssig war. Man hat dann die Arbeit tatsächlich „nur" wegen des pädagogischen Inhalts, „für das Leben, nicht für die Schule", gemacht. Ein im Schulalltag wohl einzigartiger Effekt!

Das verwunderliche Faktum, dass man eine große Arbeit macht, ohne absehen zu können, ob man ihr Ergebnis ins Zeugnis übernimmt, wird noch gesteigert dadurch, dass eine solche Arbeit als „Facharbeit" nur halb so stark gewichtet wird wie als „besondere Lernleistung" – obwohl in einigen Ländern ihre Unterschiede noch nicht klar definiert sind. Es ist zu erwarten, dass diese „Konkurrenz" in Zukunft durch die Kultusbehörden beseitigt wird.

2.8 Dokumentation der Arbeit im Abiturzeugnis

Die Facharbeit oder besondere Lernleistung sollte auch dann im Abiturzeugnis vermerkt werden, wenn sie nicht in die Qualifikation eingebracht wird, z. B. unter „Bemerkungen". Falls möglich, sollte man dabei das Thema der Arbeit, eventuell gekürzt, nennen. Dies ist natürlich auch in den Fällen sinnvoll, in denen die Arbeit in der Qualifikation nur als Punktzahl auftaucht. (Auch andere „besondere" Schülerleistungen, wie Wettbewerbsteilnahmen oder Aktivitäten in Arbeitsgemeinschaften, Schülerzeitung, Schülervertretung o. Ä., sollten im Abiturzeugnis vermerkt sein.) Zunehmend werden bei Bewerbungen und Einstellungsgesprächen solche „Extras" den guten Noten gleichgestellt. Bei Bewerbungen in angelsächsischen Ländern haben Schüler mit „social activities" oder besonderen Arbeiten schon lange einen Vorteil.

Ebenso sinnvoll ist es, die ausführliche Beurteilung der Arbeit in einer Form vorzulegen (z. B. mit Briefkopf der Schule), in der sie bei späteren Bewerbungen oder Einstellungsgesprächen vorzeigbar ist.

Das Thema der Arbeit sollte in jedem Fall im Abiturzeugnis genannt werden.

3 Themen und Themenfindung

Die Formulierung des Themas ist für den Erfolg der Arbeit von großer Bedeutung. Dabei muss eine Reihe von Gesichtspunkten beachtet werden, unabhängig davon, ob die Lehrkraft das Thema mit den Schülern gemeinsam entwickelt oder es vorgibt.

3.1 Forderungen an das Thema

In den Bundesländern, in denen die Lehrkräfte vorbereitete Facharbeitsthemen an die Schüler ausgeben, müssen sie selbst viele der im Nachfolgenden beschriebenen Denk- und Arbeitsschritte den Schülern abnehmen. In den anderen Ländern und bei den besonderen Lernleistungen beschreiten Schülerinnen und Schüler diese Wege selbstständig und die Lehrkraft betreut sie nur dabei. Dies ist dem pädagogischen Sinn einer wissenschaftspropädeutischen Oberstufenarbeit angemessener.

Schon die Themenfindung selbst ist für viele Schülerinnen und Schüler die erste Probe, wie weit sie sich in dem gewählten Fach selbstständig „bewegen" können. Die Themenauswahl muss fachspezifische Argumente, wie Methodik, Vorgehensweise, Bearbeitungsmöglichkeiten und -unmöglichkeiten berücksichtigen. Außerdem sind persönliche Eigenschaften, Fähigkeiten (praktische, theoretische, Hartnäckigkeit, Frustrationstoleranz, Zusammenarbeit mit anderen) und Einschränkungen (Zeit, andere Fächer, Hobbys) zu beachten.

Das Thema als Weichenstellung

Die Formulierung des Themas sollte seine Fragestellung operationalisieren oder wenigstens eine Operationalisierung nahe legen. Dies ist wichtig, weil im Thema der Arbeit die „Lernziele" verankert sein müssen. Diese sind Grundlage und Kriterien der späteren Bewertung. Deshalb ist auf eine sorgfältige Formulierung, ebenso wie auf eine präzise Eingrenzung des Themenbereiches größter Wert zu legen.

Das Thema muss den Schülern die Möglichkeit geben, neue Erkenntnisse zu gewinnen. Auf der anderen Seite soll es Hilfen zur Vorgehensweise geben. Es soll einen Hinweis in Richtung seiner Bearbeitung enthalten, z. B. eine Hypothese, Untersuchungsmethoden oder mögliche Ergebnisse implizieren.

> Das Thema muss darüber Auskunft geben, welchen Teil des Stoffgebietes der Schüler zu bewältigen hat und mit welchen Methoden er vorgeht.

Lokale oder aktuelle Bezüge

Nicht nur für die Motivation ist ein aktueller oder lokaler Bezug förderlich, sondern auch für eine eventuelle weitere Verwendung der Arbeit, z. B. ein Bericht in der örtlichen Presse oder in einer Schulveröffentlichung oder die Einreichung als Wettbewerbsarbeit, z. B. bei „Jugend forscht". In Zukunft wird der lokale Bezug vor allem aus Gründen der „Abschreibsicherheit" wichtig sein. Der „Markt" an Themen wächst zur Zeit dadurch, dass in den letzten Jahren viele Bundesländer Facharbeiten oder besondere Lernleistungen einführten. Durch die zunehmende Nutzung des Internet ist eine überregionale Weitergabe dieser Arbeiten leicht möglich geworden. Im Internet werden schon heute alle Arten von schulischen Arbeiten, auch Hausaufgaben und Referate, angeboten (s. Seite 102 f.). Dies wird sich in Zukunft wesentlich verstärken. Die Spezialisierung des Themas kann einen Missbrauch dieser Kommunikationsmöglichkeit eindämmen.

Umfang und Anforderungsniveau

Ein allzu häufiger Fehler von Schüler- und Lehrerseite ist, den Anspruch an die Facharbeit zu hoch zu hängen. Die Arbeit ist nicht dazu da, die Fachwissenschaft mit neuen Ergebnissen zu bereichern, sondern Fachmethoden dieser Wissenschaft sollen auf ein begrenztes Thema angewendet und geübt werden. Die Facharbeit ist keine wissenschaftliche, sondern eine Schularbeit – mit einem gestellten Thema, unter Betreuung und Anleitung einer Lehrkraft. Trotzdem besitzt sie in Durchführung und Form Merkmale einer wissenschaftlichen Arbeit.

„Diese tauchen in ihrer Facharbeit alle Stadtteile Münchens auf?"

Die Arbeit soll Schülern eine weit gehende, breite Möglichkeit eröffnen, sich in die fachspezifischen Denk- und Arbeitsweisen und Methoden einzuarbeiten und sie, zwar nur begrenzt, aber im selbst verantworteten Umfang, anzuwenden (s. Kapitel 1). Damit geht die Facharbeit deutlich über den normalen Fachunterricht hinaus. An Umfang, Tiefe und Qualität dieses wissenschaftlichen Arbeitens wird später die Facharbeit gemessen und bewertet.

Das Thema muss im vorgesehenen Rahmen (Literaturbeschaffung, Bearbeitungszeit, Seitenzahl) zu bewältigen sein. Auf der anderen Seite soll es ihn aber auch ausschöpfen. Anders formuliert: Es soll die Schülerin oder den Schüler weder unter- noch überfordern.

Der Schwierigkeitsgrad für eine bewertete gymnasiale Oberstufenarbeit ist definiert und die Richtlinien für Facharbeit und besondere Lernleistung weisen im Allgemeinen auch explizit auf diese Definition hin: Alle Anforderungsbereiche der einheitlichen Prüfungsanforderungen (EPA) der Kultusministerkonferenz (KMK) müssen mit der Arbeit erfüllbar sein, sodass tatsächlich alle Noten erreichbar sind. Schließlich trägt die Bewertung der Facharbeit und vor allem die der besonderen Lernleistung relativ viel zum Abiturergebnis bei. Das bedeutet, dass die Arbeit auf keinen Fall zu sehr reproduktiv sein darf. Gerade bei Literaturarbeiten muss sie sich deutlich vom Referat abheben, aber auch Experimente, die nur Variationen des Unterrichts darstellen, sind wenig geeignet. Die Schülerin oder der Schüler soll mithilfe der Arbeit (bei der Auswertung von eigenen Experimenten oder von Literaturquellen) eigenständig Erkenntnisse gewinnen können. Das bedeutet nicht nur Messergebnisse ermitteln und sammeln, sondern auch, diese in kritischer Distanz auszuwerten und in einem Gesamtzusammenhang zu bewerten.

Die drei Anforderungsbereiche der *einheitlichen Prüfungsanforderungen (EPA)* stellen sich bei Facharbeiten und besonderen Lernleistungen etwa so dar:
– Bereich I („Reproduktion"): Wiedergabe von inhaltlichen Sachverhalten oder Anwendung von Arbeitstechniken und Vorgehensweisen, die so im Unterricht gelernt wurden.
– Bereich II („Reorganisation"): Anwenden von Gelerntem, d. h. selbstständiges Übertragen von gelerntem Wissen oder Techniken auf die Fragestellung und die Anforderungen der Arbeit, Auswertung mithilfe der gelernten Methoden.
– Bereich III („Transfer", „Wertung"): Begründete Deutung von Ergebnissen und kritische Wertung im Zusammenhang zu anderen eigenen Ergebnissen oder den Erkenntnissen der Fachliteratur.

Diese Kriterien müssen den Schülerinnen und Schülern bereits vor Beginn der Arbeit bekannt sein – es sind hinterher die Bewertungskriterien. Hierzu eignen sich besonders die Gespräche zur Themenfestlegung, wo sie bezüglich des konkreten Themas besprochen werden sollten. Dies kann auch dazu dienen, die prinzipielle Forderung „mehr in die Tiefe als in die Breite arbeiten" zu unterstreichen.

Thematische Motivation

Das Thema darf nicht zu „kleinkariert" oder ängstlich formuliert sein. Schließlich muss es oft über „Durststrecken" hinweghelfen und auch bei Eltern oder Mitschülern Eindruck machen können. Eventuell spielt es später, lange nach der Schule, bei einem Vorstellungsgespräch oder einer Bewerbung noch eine Rolle. Deshalb kann es durchaus plakativ formuliert sein. Natürlich darf man dabei den Mund nicht zu voll nehmen: Schließlich

soll der Schüler oder die Schülerin ja den vom Thema gestellten Rahmen auch ausfüllen, um eine gute Bewertung zu bekommen.

Allerdings sollte die betreuende Lehrkraft eine möglichst klare Vorstellung von den tatsächlich zu erbringenden Leistungen (Erwartungshorizont) haben und danach das Thema so einschränken, dass es die angemessene Schwierigkeit und den erreichbaren Umfang festlegt.

Man sollte plakative, motivierende Formulierungen durch Hinzufügen eines Untertitels präzisieren.

„Die Luftverschmutzung durch den Autoverkehr" ist wahrlich kein Thema für eine experimentelle Facharbeit. Selbst die Präzisierung und Spezialisierung „Die Luftverschmutzung im Naturschutzgebiet ‚Am Großen Sand' durch die Autobahn A 643" ist für eine Facharbeit zu umfassend, aber mit dem Untertitel „untersucht am SO_2-Gehalt von Baumrinden" wird es ein bearbeitbares Thema. Der übergeordnete gesellschaftsrelevante und motivierende Bereich „Umwelt" bzw. „Umweltverschmutzung" bleibt erhalten, aber trotzdem grenzt das Thema das Objekt konkret ein und gibt schon Hinweise auf die Methode (s. Seite 34).

Themenstellung und zeitliche Belastung

Das Thema soll mit den konkret zur Verfügung stehenden Mitteln zu bearbeiten sein: örtliche Bibliotheken, Unibibliothek, materielle Ausstattung der Schule, aber auch zeitliche Kapazität der beaufsichtigenden Lehrkraft und deren spezielle Kenntnisse auf diesem Gebiet usw.

Je individueller und spezieller ein Thema ist – und das hat bedeutende Vorteile, z. B. bezüglich Motivation, Originalität, Kreativität, Schülerrelevanz oder Selbstständigkeit der Schülerleistung –, desto weniger Literatur wird dafür aufzufinden sein, d. h. desto mehr Hilfe und Beratung kommt auf die Lehrkraft zu.

Zeit- und Arbeitsaufwand müssen sich in vertretbaren Grenzen halten, und zwar nicht nur für die Schüler, sondern auch für die betreuenden Lehrkräfte. Die Häufung von Facharbeiten bei einzelnen Lehrkräften führt schnell zur Überlastung, gerade wenn die Arbeiten gleichzeitig angefertigt werden, was an den meisten Schulen der Fall ist. Dann können Betreuung und Hilfe nicht ausreichend gewährt werden; auch die Kontrolle der Schülerleistung und deren Eigenständigkeit bleibt oberflächlich. Besonders bei den experimentellen Facharbeiten, z. B. in Chemie und Physik, bei denen aus Sicherheitsgründen eine Beaufsichtigung, wenigstens als Anwesenheit, dringend anzuraten ist, sind die Kapazitäten an Zeit (Dauer) und vor allem an konkreten Terminen erfahrungsgemäß ein ärgerlicher begrenzender Faktor. Die Fachschaft muss eine Regelung treffen, wie die anfallende Arbeit gleichmäßig verteilt werden kann, aber auch die einzelne Lehrkraft muss schon bei der Themenwahl voraussehen, welcher Arbeitsaufwand voraussichtlich – und wann – anfallen wird, um Kollisionen mit anderen schulischen Belastungen zu vermeiden.

Durchführung der Arbeit in anderen Institutionen

Durch die Einbeziehung außerschulischer Institutionen eröffnen sich Themenstellungen, die für Schüler und Lehrer besonders reizvoll sind. Es handelt sich um besonders attraktive, eigentlich schon wissenschaftliche Themen, Methoden und Inhalte – attraktiv auch für die betreuenden Lehrkräfte, die auf solche Arbeiten „ihrer" Schüler und Schülerinnen, wie diese selbst, stolz sind.

Auch die „Abgabe" der Betreuung und/oder der materiellen Möglichkeiten an andere Institutionen („Ich kenne jemand in der Uni; dort kann ich die Arbeit machen. Kein Problem.") scheint angenehm, weil sie den Arbeits- und Materialaufwand erheblich reduziert.

Trotzdem ergeben sich hieraus auch ernste Probleme. Bei diesen Arbeiten ist die Eigenleistung der Schülerin oder des Schülers meist nur schwer abzuschätzen. Allzu leicht sind sie bereit, sich auf die fachlich weit kompetenteren Partner mindestens beim Denken, Planen und Prüfen zu verlassen. Und die tun das wirklich gern – und auch gut. Nur ist das dann nicht mehr die Arbeit des Schülers (s. Kapitel 4, Durchführung).

Wenig geklärt ist, was bei irgendwelchen Unfällen oder Beschädigungen versicherungs- bzw. haftungsrechtlich geschieht. Dies ist wohl nur im Einzelfall zu entscheiden – einfach wird es nicht sein.

Schwierigkeiten bei der Finanzierung

Bei einigen Themen stellt sich bei Literaturrecherchen oder Planungen heraus, dass Apparate, Reagenzien, Verbrauchsmaterial oder Spezialliteratur so teuer sind, dass sie nicht einfach „nebenher" mit den knappen Mitteln der Schule bezahlbar sind.

Um solche häufig besonders attraktiven Themen dennoch vergeben zu können, sollte man an die Möglichkeit der „Drittfinanzierung" denken. Zuschüsse sind denkbar durch Eltern oder durch einen Sponsor (z. B. das Universitätsinstitut, in dem die Arbeit durchgeführt wird). Das ist zwar attraktiv, schafft bzw. verstärkt eventuell soziale Ungleichgewichte. „Saubere" Lösungen sind gesonderte Schuletats für solche Arbeiten, die z. B. aus „Jugend forscht"-Geldern oder Zuschüssen des Fördervereins der Schule gespeist werden. (Der Förderverein muss ein Interesse an qualitativ hochwertigen und dann auch öffentlichkeitswirksamen Arbeiten haben.) In beiden Fällen sind die Geldmittel in Bezug auf die konkrete Arbeit anonym.

Themen von Gemeinschaftsarbeiten

„Bei Arbeiten, an denen mehrere Schülerinnen oder Schüler beteiligt waren, ist die Bewertung der individuellen Schülerleistung erforderlich." (KMK 2/97, S. 24) In den meisten Ländern ist die Schülerzahl bei Gemeinschaftsarbeiten auf drei begrenzt.

Das Thema muss also so zu untergliedern sein, dass die Einzelbeiträge und Einzelleistungen erkennbar und getrennt bewertbar sind. Zum Beispiel bietet sich bei ökologischen Themen die Trennung in botanische, zoologische bzw. abiotische Aspekte an. Weitere Möglichkeiten sind: eine Methode –

zwei Objekte oder ein Objekt – zwei Methoden zur Untersuchung. Die unten stehende Grafik veranschaulicht die Schwerpunktgliederung bei einer Gemeinschaftsarbeit.

Kollission mit Klausur- und Abiturinhalten

Die Anbindung der Arbeit an den Lehrplan ist in den meisten Bundesländern gering oder sie ist nicht vorgesehen. Wenn *konkrete* Inhalte einzelner Arbeiten in einer späteren Überprüfung (Klausur, Abitur) vorkommen, haben die Facharbeitsautoren vor den Mitschülern einen Vorteil.

3.2 Vorgehensweise bei Themenfindung und Formulierung

3.2.1 Gemeinsame Themenfindung

Das Thema einer Arbeit sollte nach Möglichkeit einvernehmlich zwischen Schüler oder Schülerin auf der einen Seite und Lehrer oder Lehrerin auf der anderen Seite vereinbart werden. Schließlich soll die Schülerin oder der Schüler in dieser Arbeit ja nicht nur fachspezifische Fähigkeiten zeigen, sondern auch selbstständig arbeiten, kritisch eigene und fremde Ergebnisse und Meinungen hin-

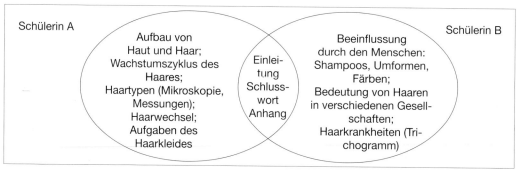

Gemeinschaftsarbeit „Das menschliche Haar" – biologische, kosmetische und gesellschaftliche Aspekte

terfragen, das heißt wesentlich auch Persönlichkeitsmerkmale einbringen. Dies kann bei einem nicht freiwillig gewählten Thema sicher nur mit Einschränkung gelingen. Ein Thema, das selbst ausgesucht ist, wird mit viel größerem Elan bearbeitet. Oft ist auch schon Vorwissen vorhanden, das genützt werden kann. Aber auch hier wird es häufig vorkommen, dass Schülerinnen oder Schüler keinen oder keinen geeigneten Themenvorschlag von sich aus präsentieren können.

> Am besten ist, die Schule hält eine Liste von bereits durchgeführten Facharbeiten bereit. Diese Themen stellen eine Anregung dar, sowohl hinsichtlich möglicher Inhalte als auch hinsichtlich des realistischen Umfangs der Fragestellung.

Auch „Jugend forscht" listet bereits bearbeitete Themen unter der Internetadresse „http://www.jugend-forscht.de" auf und die Zeitschrift „junge wissenschaft" berichtet ständig über Themen, Durchführung und Ergebnisse von preisgekrönten Arbeiten.

> Weitere Quellen von Facharbeitsthemen bietet das Internet. Zum Beispiel enthalten viele Homepages von Schulen auch Listen mit Facharbeiten.

3.2.2 Vorgabe der Themen

In Ländern, in denen Facharbeiten verbindlich vorgeschrieben sind, ist es üblich, dass Lehrkräfte Themen an die Schüler „verteilen". Das kann in anderen Ländern auch dann geschehen, wenn Schüler kein Thema finden oder sich zu keinem angebotenen Thema entschließen. Gründe dafür können pädagogischer oder pragmatischer Natur sein:
– um bestimmte Schüler mit bestimmten Fragestellungen zu konfrontieren,
– um Niveau und Belastung der Arbeit ihrer Leistungsfähigkeit besser anzupassen,
– um die Selbstständigkeit der Schülerleistung überhaupt oder besser kontrollieren zu können,
– weil sich Engpässe bei der Auswahl von geeigneten Themen ergeben, z. B. weil eine freie Auswahl dazu führen würde, dass nur „unbeliebte" Themen für die später Entscheidenden übrig bleiben.

3.2.3 Einengung und Erweiterung des Themas

Das Thema einer Arbeit soll möglichst eng gewählt werden. Die Fragestellung muss so eng umrissen sein, wie dies vor Beginn der tatsächlichen Bearbeitung überhaupt möglich ist. Erweitern kann man es immer noch; ein zu weites Thema einengen ist oft ärgerlich, wenn schon viel Mühe in die Vorarbeiten geflossen ist.

Gründe für die enge Fassung:
– Schließlich muss die Arbeit am Ende ja bewertet werden. Füllt sie den Rahmen des Themas aber nur teilweise aus, müsste dies automatisch zur Abwertung führen.
– Die Formulierung des Themas soll als Ergebnis des Themenfindungsprozesses schon die „Richtung" zeigen, in der die Arbeit gehen wird.

Schüler neigen oft bei der Themenfindung zu sehr globalen Fragestellungen, bei denen sie methodologische und theoretische Erfordernisse unterschätzen (z. B. Notwendigkeit sta-

Checkliste Themenfindung

zur Fragestellung

☐ Ist die Fragestellung eng genug begrenzt?

☐ Ist die Fragestellung vom Umfang her zu bewältigen?

☐ Schützt ein lokaler Bezug vor dem Abschreiben?

☐ Entspricht der Inhalt dem Anspruch (Oberstufenniveau)?

☐ Sind alle Lernzielbereiche (EPA) erreichbar?

☐ Ist das Thema attraktiv genug in Bezug auf Inhalt und Formulierung?

☐ Bei Gemeinschaftsarbeiten: Sind die Einzelleistungen voneinander trennbar?

☐ Gibt es Kollissionen mit Klausur- oder Abiturinhalten?

zur Untersuchungsmethode

☐ Sind der Lehrkraft die Methoden bekannt?

☐ Sind dem Schüler / der Schülerin die Untersuchungsmethoden bekannt?

☐ Ist die Literatur in der gegebenen Zeit beschaffbar?

☐ Stellt die Methode keine Überforderung des konkreten Schülers dar?

☐ Ist die Finanzierung gesichert?

☐ Ist die Arbeit vom Aufwand her – neben dem anderen Unterricht – leistbar?

☐ Sind die Geräte bzw. Chemikalien an der Schule vorhanden?

☐ Sind Geräte bzw. Chemikalien leicht beschaffbar?
Wo? _____

zur Organisation

☐ Sind Vorversuche nötig oder sinnvoll?
Wann? _____

☐ Ist eine vorherige Literatursuche nötig oder sinnvoll?
Wann? _____

☐ Ist die Literaturrecherche bekannt und eingeübt?

☐ Sind die Untersuchungen gefährlich? (Chemikalien, Geräte, elektrischer Strom, Druck, bestimmte Methoden, Infektionen, usw.)

☐ Müssen die Untersuchungen teilweise in der Schule durchgeführt werden?

☐ Müssen die Untersuchungen in anderen Institutionen durchgeführt werden?
Wo? _____

☐ Sind Beantragungen zur Anerkennung als Schulveranstaltung nötig?
Wer macht das? _____

☐ Wie hoch ist die zeitliche Belastung der Lehrkraft durch die Beaufsichtigung? (Gesamtzahl der Arbeiten bedenken.) Können Aufsichten kombiniert werden?

☐ Können die Untersuchungen beim Schüler zu Hause gefahrlos durchgeführt werden?

☐ Ist ein Sponsor nötig?
Wer kann angesprochen werden? _____

tistischer Verfahren und Einarbeiten in fachwissenschaftliche Artikel), oder aber ihre praktischen oder methodischen Fähigkeiten weit überschätzen (z. B. Auswahl und Anwendung statistischer Verfahren). Mit seinem größeren Überblick muss sie der Lehrer vor dem Scheitern an allzu hoch gesteckten Zielen schützen. Stellen sich die Befürchtungen als grundlos heraus, ist es meist sehr einfach, ein Thema zu erweitern. Dabei wird dies nicht verwässert, sondern um weitere Aspekte bereichert und seine Qualität erhöht.

Das Thema „Die Geruchswahrnehmung bei Asseln" kann in dieser Breite von Schülern nie befriedigend bearbeitet werden. Außerdem lässt es völlig offen, ob es Anatomie, Physiologie, Experimente oder anderes meint. Das Thema „Versuche zur Untersuchung der Geruchswahrnehmung bei Asseln" ist eindeutig, aber auch offen genug, um es bei Bedarf zu erweitern (z. B. weitere Asselart, Abhängigkeit von weiteren Faktoren bzw. Mehrfachauswahlversuche).

Das Thema „Die Luftverschmutzung im Naturschutzgebiet S. durch die Autobahn A – untersucht am SO_2-Gehalt von Baumrinden" scheint sehr eng formuliert zu sein. Wenn man bedenkt, wie lange es dauert, bis eine Schülerin oder ein Schüler die Methode und ihre Standardisierung beherrscht, ist es angemessen. Falls dies jedoch unerwartet schnell gelingt oder wenn das Thema für eine Gruppenarbeit erweitert werden soll, kann man sowohl das Areal vergrößern, verschiedene Areale vergleichen oder die Untersuchung auf unterschiedliche Weise verfeinern (z. B. Abstand der Bäume von der Autobahn, bevorzugte Windrichtungen, Lokalklima, Verkehrsdichte, LKW-Anteil mit Dieselverbrennung). Auch eine kritische Untersuchung der Methode selbst (Vergleich von Rinden verschiedener Baumarten am

selben Standort, unterschiedliche Stammhöhe der Probenentnahme, unterschiedlicher Ort am Stamm bezüglich Himmels- oder Windrichtung, Zusammenhang mit Vermoosung oder Algen am Stamm usw.) ist als Erweiterung für Schüler, wenn sie die Methode bereits kennen, plausibel.

3.2.4 Das Formulieren des Themas

Es ist empfehlenswert, das Thema nicht gleich endgültig festzulegen. Am besten, man bespricht zuerst ein Grobthema, einen Bereich, über den man dann eine vereinbarte Zahl von Tagen nachdenkt und recherchiert, und legt erst dann das Thema fest. Bei Experimentalarbeiten, gerade in Biologie mit lebenden Objekten, ist es manchmal nötig, das Thema während der Arbeit abzuändern. Dies sollten jedoch Ausnahmen sein.

Vorversuche und vorbereitende Literaturrecherche

Für Schüler und Lehrer ist es nötig, sich schon *vor* einer endgültigen Festlegung zu vergewissern, dass der Themenbereich oder das Thema überhaupt durchführbar ist
– zu diesem Zeitpunkt (Jahreszeiten in Biologie; Werksferien bei Beschaffung oder Recherche, Ferien der Universitätsbibliothek),
– in dem zur Verfügung stehenden Zeitrahmen (Wachstumsgeschwindigkeit von Kulturen, Generationendauer, Menge der Experimente zur statistischen Sicherung, Dauer der Fernleihe),
– mit den zur Verfügung stehenden Geräten oder Chemikalien (vollständig und benützbar, Verschleißteile bzw. Geräte und Chemikalien vorhanden und noch brauchbar) oder Literatur (vorhanden oder zu beschaffen).

Brainstorming

Bei der Recherche zur Themenfindung empfiehlt es sich, eine strukturierte Stoffsammlung („Mind map", „Cluster", s. Kapitel 4.1) anzulegen, um den möglichen Umfang des Gebiets zu erkennen und das Machbare einzugrenzen, dabei nicht nur Inhalte, sondern auch gleichzeitig die erforderlichen und möglichen Methoden aufzuführen, sowie das voraussichtlich benötigte Material (Apparate, Chemikalien, Räumlichkeiten) und eventuell nötige Betreuung (Chemie, Physik).

Aus dem Cluster ergeben sich möglicherweise Anregungen für Gemeinschaftsarbeiten oder weitere Themen.

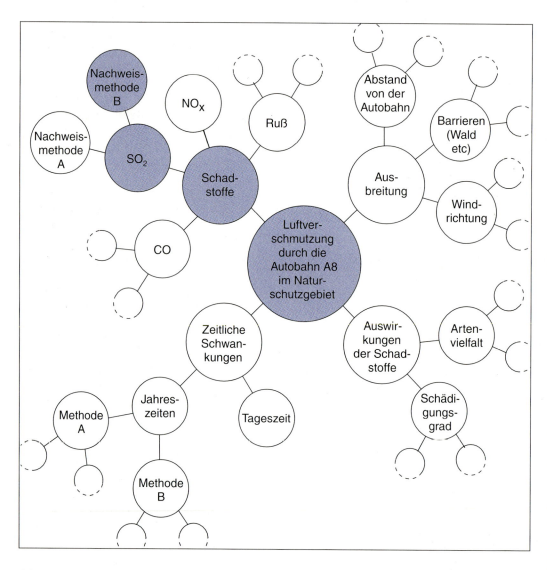

Formulierungsgrundsätze

Das Thema muss danach so formuliert werden, dass die folgenden Anforderungen erfüllt werden – und das sollte auch zwischen Lehrkraft und Schüler anhand der oben genannten Analyse und Stoffsammlung besprochen und klargestellt sein. Dieses wichtige Gespräch sollte deshalb auch gut protokolliert werden!

– Fachliche Inhalte müssen auf dem Niveau der gymnasialen Oberstufe bearbeitbar sein und tatsächlich bearbeitet werden.
– Es muss möglich sein, Arbeitsweisen der Fachwissenschaft kennenzulernen. Sie müssen dann auch richtig angewendet werden. Hierzu gehören besonders: Arbeitshypothesen aufstellen; Experimente selbstständig planen, durchführen und auswerten; Ergebnisse sinnvoll darstellen, z. B. in Diagrammen oder Modellen; Ergebnisse kritisch überprüfen, z. B. durch Fehlerbetrachtung oder statistische Methoden.

Die endgültige schriftliche Formulierung des Themas wird im Allgemeinen bei der Schulleitung bzw. einem oder einer Beauftragten angemeldet. Mit dieser Anmeldung kann eventuell gleich der Antrag verknüpft werden, bestimmte, konkret benannte Aktivitäten zu Schulveranstaltungen zu erklären, damit hierfür Versicherungsschutz besteht.

3.3 Das Für und Wider praktischer Themen

Unter „praktischen" Themen versteht man hauptsächlich:
– *Untersuchung* (z. B. im Freiland), Beobachtung (z. B. mikroskopisch), Dokumentation (z. B. Analyse eines Waldlehrpfades, pflanzensoziologische Erhebung);
– *Experimente* (d. h. Messen der „Reaktionen" des untersuchten Systems auf selbst gewählte, veränderte Bedingungen);
– *Recherche* (Analyse des Ernährungsverhaltens, des Schlafverhaltens oder z. B. des Energiebedarfs und der Einsparmöglichkeiten einer Schule);
– Arbeit mit oder an *Modellen*, z. B. Computersimulation, Modellbau.

Eines der wichtigsten Ziele der Arbeit ist ja ihr propädeutischer Charakter: das Einarbeiten in die fachspezifisch typischen Denk- und Arbeitsweisen. Die Untersuchung (beschreibend, messend) und vor allem das Experiment als „Frage an die Natur" sind selbstverständlich die hervorragenden Methoden der Naturwissenschaften. Deshalb ist eigentlich immer eine experimentelle Arbeit anzustreben.

Nur hier kann die Schülerin oder der Schüler solch klassische Arbeits- und Denkweisen der naturwissenschaftlichen Experimentierkunst erlernen und einüben wie:
– möglichst vorurteilsfreies Beobachten;
– exaktes Beschreiben;
– Herstellen klarer kausaler Zusammenhänge oder Ausschluss von Kausalität;
– Absicherung von Ergebnissen: Reproduzierbarkeit, eventuell statistische Betrachtungen;
– Bewertung der eigenen Ergebnisse, Diskussion mit Veröffentlichungen;
– Aufstellen von Zeitplänen für Literaturrecherche, Experimente, Untersuchungen, Auswertungen, schriftliche Formulierung der Arbeit;
– exaktes Arbeiten, Beachten von Sicherheitsstandards, fachgerechte Entsorgung von Chemikalien;
– Führen eines Journals, in das alle Ideen, Aktivitäten, Beobachtungen, Ergebnisse im Verlauf der Arbeit eingetragen werden.

Neben den bisher genannten Vorteilen der Propädeutik und der im Allgemeinen hohen Motivationskraft experimenteller Themen gibt es auch eine Reihe von *Gründen, die gegen eine experimentelle Arbeit sprechen können*:

– Die Möglichkeiten zur Bearbeitung einer bestimmten experimentellen Fragestellung sind nicht oder nicht vollständig vorhanden: Apparate bzw. Chemikalien fehlen, sind nicht in ausreichender Zahl oder Zeit zu beschaffen oder sie sind zu teuer.

– Experimente sind zu gefährlich, z. B. mit bestimmten Strahlenarten, Chemikalien oder Mikroorganismen.

– Der konkrete Schüler oder die Schülerin scheint für diese speziellen Experimente (z. B. bei Gefahr einer Allergie) oder allgemein überfordert.

– Die Lehrkraft ist aus konkreten schulischen oder privaten Gründen, oder weil in dieser Zeit besonders viele Facharbeiten zu betreuen sind, so stark zeitlich belastet, dass sie die Beaufsichtigung oder Betreuung nicht im ausreichenden Maße wahrnehmen kann.

Konkrete Themen siehe unkommentierte Themenliste im Anhang, Seite 98 ff.

3.4 Theoretische Themen

Obwohl das Experiment die zentrale naturwissenschaftliche Arbeitsmethode ist, so ist sie doch nicht die einzige. Zahllose Fragestellungen, die nur mit soliden naturwissenschaftlichen Kenntnissen bearbeitet werden können, sind nicht experimentell.

Folgende Bereiche eignen sich besonders gut:

– die Erarbeitung von Zusammenhängen;
– die Analyse eines Zusammenhangs;
– Analysen mit historischem Inhalt.

Dies soll an konkreten Themenbereichen verdeutlicht werden:

Vergleich verschiedener Auffassungen zu naturwissenschaftlichen Fragestellungen

– Aufarbeitung historischer Irrwege;
– Rekonstruktion des Weges der Wissenschaft, der Entwicklung einer bestimmten Erkenntnis;
– ihre Abhängigkeiten von zeitgeschichtlichen Bedingungen, z. B. die Frage der Erblichkeit von Intelligenz oder der Intelligenzbegriff selbst, der Ethologiestreit um den Schlüsselreiz, Themen aus dem Bereich der Soziobiologie, kritische Überprüfung der Hypothesen der Aggressionsentstehung, Entwicklungen der Farbstoff- und pharmazeutischen Industrie aus dem Abfallstoff Steinkohlenteer;
– Hypothesen zur Evolution: Weltentstehung, Evolution der chemischen Elemente, frühe Evolution der Organismen.

Zusammenspiel von Wissenschaft und Politik

– Entwicklung der Kernwaffen zwischen 1938 und 1952;
– Nutzung verschiedener Wege der Stromgewinnung durch Kernspaltung in der Bundesrepublik;
– Rolle der Plutoniumgewinnung bei der zivilen Nutzung der Kernspaltung und der Wiederaufarbeitung;
– Verwendung von Tropenholz.

Zusammenhang von Wissenschaft und Wirtschaft

– Zivilisatorische Entwicklungen im Zusammenhang mit naturwissenschaftlichen Entdeckungen; technologische Probleme;
– Fortschritte der Militärtechnik in ihrem wissenschaftlichen Kontext (Explosivstoffe, Kernwaffen, Giftgase, biologische Waffen, Möglichkeiten gentechnisch hergestellter Waffen);

– Biotechnologie: Tierversuche; wirtschaftlicher Zwang zur Gentechnologie, gentechnische Verfahren in Diagnostik und Anwendung (Medizin, Justiz, Einstellungen, Versicherungen);
– Eugenik einst und jetzt, pränatale Diagnostik, Reproduktionsmedizin.

Umweltpolitische Fragen und wissenschaftlich-technischer Entwicklungsstand

– Möglichkeiten und Grenzen der Energietechnik, der regenerativen Energiequellen, neuer Entwicklungen in der Solartechnik, der Energieeinsparung;
– kritische Bestandsaufnahme des Kenntnisstandes zum Elektrosmog;
– Endlagerung radioaktiver Abfälle der Kernkraftwerke;
– Bestrahlung von Lebensmitteln: Vergleich bisheriger und zukünftiger Konservierungsmethoden für Lebensmittel im Hinblick auf ihre zellbiologischen Wirkungen und ihres Gefährdungspotentials;
– die Bedeutung der Chlorchemie und die Forderung nach dem Verzicht auf sie.

Auseinandersetzung mit Biografien von Personen aus Wissenschaft und Forschung

– Die Rolle von Politik, wissenschaftlicher oder wirtschaftlicher Karriere;
– die Rolle des Geschlechts bzw. der gesellschaftlichen Herkunft.

Themenbereiche

Man sieht an den genannten Themenbereichen, dass sich für theoretische Arbeiten am besten kontroverse Themen oder solche mit Konfliktpotential eignen. Die bloße Erörterung eines Sachverhalts ist als naturwissenschaftliche Facharbeit oder besondere Lernleistung nicht ausreichend. Es müssen auch Hypothesen, Theorien oder Fakten analysiert, verglichen und bewertet werden. Dies kann aufgrund von veröffentlichten Versuchsergebnissen erfolgen. Wo diese nicht vorhanden oder umstritten sind, muss gerade das thematisiert werden. Hier wird deutlich, dass theoretische Arbeiten im naturwissenschaftlichen Bereich kein „Ausweichen" vor experimenteller Arbeit sind, sondern dass sie im Gegenteil besonders hohe Anforderungen an die Reife und Urteilsfähigkeit der Schülerin oder des Schülers stellen.

Die größten Gefahren liegen, gerade für Schülerinnen und Schüler, deren Schwerpunkt *nicht* in den geisteswissenschaftlichen Fächern liegt, in der mangelnden Distanz zu den benützten Quellen und in der nicht ausreichenden Auswertung und Verarbeitung der Informationen. Anders gesagt: Sie schreiben zu viel ab, ohne einen eigenen Standpunkt gegenüber den Autoren zu entwickeln. Gerade weil es sich bei Literaturarbeiten häufig um kontroverse Themen handelt, ist die kritische Haltung und das problemorientierte Vorgehen ein wichtiges Bewertungskriterium für die Arbeit.

Gerade bei den theoretischen Themen ist deshalb die enge Begrenzung des Themas und seine möglichst präzise Formulierung notwendig, um ein Ausweichen in oberflächliche Bearbeitung und Gemeinplätze zu vermeiden. Diese können sich einstellen, wenn sich Schülerinnen oder Schüler von der Stofffülle oder der unendlichen Weite des Themas überfordert fühlen.

Ein weiteres Argument für die enge Begrenzung von Themen gerade auch bei theoretischen Arbeiten ist: Die Schüler sind im Allgemeinen wenig geübt in der Literaturrecherche. Aus dieser Unsicherheit heraus erwächst oft die Haltung, möglichst viel Literatur zu sammeln, um festen Boden unter die Füße zu bekommen. Sie bestellen und kopieren, kommen mit dem Lesen nicht nach und vor allem: Sie kommen gar nicht dazu, mit ihrer eigentlichen Arbeit zu beginnen. Wenn dann der Abgabetermin naht, schreiben sie schnell eine Arbeit zusammen, die weder den Anforderungen genügt noch ihre immense Vorarbeit rechtfertigt.

Zur Vermeidung von Gemeinplätzen müssen theoretische Themen besonders präzise formuliert sein.

Auch Lehrkräfte können bei manchen Themen an die Grenzen ihrer fachlichen Ausbildung stoßen: Häufig wünschen sich Schüler Fragestellungen, die die Fachgrenzen überschreiten (z. B. bei biologischen Arbeiten medizinische Fragen), oder sie greifen ein gerade hoch aktuelles Thema auf, das es zu Zeiten der Ausbildung ihrer Lehrkräfte noch gar nicht gab. In solchen Fällen ist es manchmal ehrlicher, das Thema abzulehnen und ein anderes vorzuschlagen. Man sollte schon bei der Themenfestlegung daran denken, dass man die Facharbeit ja qualifiziert beurteilen muss. Vielleicht fehlt schlicht die Zeit, sich diese Qualifikation anzueignen. (Vergleiche auch hierzu die Themenlisten Seite 41 ff. und Seite 98 ff.)

3.5 Fächerübergreifende Themen

Bei fächerübergreifenden Themen sollte eine einzelne Lehrkraft die Verantwortung – von der endgültigen Festlegung des Themas bis zur Bewertung – übernehmen, bei Gemeinschaftsarbeiten mit Unterthemen können auch mehrere Lehrkräfte zusammenarbeiten. Es liegt dabei im Interesse sowohl der Schüler als auch der Lehrer, die Verantwortlichkeiten möglichst früh und klar zu definieren.

Biochemische Themen sind eigentlich nicht fächerübergreifend. Da die Biologie-Lehrkräfte im Allgemeinen hierfür eine ausreichende Ausbildung besitzen, kommt es nicht zu Betreuungsproblemen.

Im Kapitel 3.4 (theoretische Themen) wurden viele verschiedene Bereiche genannt, aus denen sich leicht fächerübergreifende Themen finden lassen. Hier zwei konkrete Beispiele:

– Vergleich der Biografien des Chemiker-Ehepaars FRITZ HABER und CLARA IMMERWAHR unter verschiedenen Aspekten: allgemein-historisch, Chemie-historisch, Geschlechterrollen (Fächer: Geschichte, Chemie, Sozialkunde)
– Warum wurde eine der bedeutendsten Entdeckungen der Physik dieses Jahrhunderts, die Kernspaltung, von Chemikern gemacht? (Fächer: Physik, Chemie)

3.6 Spezialthemen

Neben den üblichen naturwissenschaftlichen Fragestellungen existieren gerade für Schülerinnen und Schüler, die stärker an praktischer Arbeit („mit den Händen", „knifflig") oder an konstruktiver und gestalterischer Tätigkeit interessiert sind, reizvolle Themen, die nicht nur papierne, sondern auch praktische oder materielle Ergebnisse produzieren. Bei der Suche nach möglichen Themen sollte man nicht immer nur an inhaltliche Ergebnisse denken, also Messung, Datenerfassung und deren Auswertung, sondern auch an *„methodische Erfindungen"*. So kann man z. B. eine Gasentstehung (Chemie, Biologie) bzw. Gasausdehnung (Physik) als Volumenänderung auf verschiedene Weise in eine elektrische Spannung „übersetzen", die der PC erfassen und auswerten kann. Eine solche selbst entwickelte Methode zum standardisierten Verfahren zu perfektionieren und reproduzierbar zu machen, ist sicher reizvoller als manches Verlegenheitsthema. So kann man z. B. durchaus untersuchen, ob DNA statt mit Natriumdodecylsulfat auch mit Geschirrspül- oder Waschmittel isolierbar ist.

Weitere „ausgefallenere" Themen sind der Bau von statischen oder beweglichen *Modellen*, z. B.:
- komplexe Organe, die nur durch ihren räumlichen Bau zu verstehen sind: z. B. Niere;
- komplizierte Moleküle in Biochemie oder Chemie: z. B. DNA-Ausschnitt, t-RNA, Ribosom, Enzyme, Polymere usw.;
- Reaktionsmechanismen in mehreren Stadien, Komplexe;
- Funktionsmodelle mit manueller oder elektrischer Mechanik, z. B. Rhodopsin-Zyklus, Vorgänge an der Synapse.

Auch die Anfertigung eines *Trickfilms* (Video oder PC) ist möglich. Dynamische Vorgänge sind durch Filme am besten darstellbar, z. B.
- Reaktionsmechanismen
- Entwicklungen, z. B. in der Embryologie

Bei all dem steht dem fertigen Modell oder Film (die vorzeigbar sein müssen, d. h. optisch übersichtlich, klar, attraktiv) im schriftlichen Teil die Auseinandersetzung zwischen Genauigkeit des fachwissenschaftlichen Inhalts und dessen materieller Umsetzung gegenüber: Reduktion auf das Wesentliche, Materialprobleme (Stabilität, Kosten), Farbgebung, Beschriftung usw.

Die Erstellung eines *Computerprogramms* setzt neben Kenntnissen in der Fachwissenschaft deutlich größere Kenntnisse und Fähigkeiten im Bereich der Programmierung voraus. Deshalb ist es wohl in den meisten Fällen sinnvoll, eine solche Arbeit von einer Lehrkraft für Informatik wenigstens mitbetreuen zu lassen.

3.7 Versicherungsfragen

Schon bei der Themenfindung oder -festlegung sollte zumindest die Lehrkraft auch mögliche Versicherungsfragen „im Hinterkopf" haben. Bei paktischen Themen (Experimente, Fahrten, Untersuchungen in stadtfernen Biotopen) können sie bedeutend werden.

Folgende wichtige Punkte sind zu bedenken:
- zusammen mit den Schülern mögliche Gefahren erkennen;
- sich über die rechtlichen Voraussetzungen informieren;
- Eltern und Schüler angemessen informieren;
- Aktivitäten bei der Schulleitung als Schulveranstaltung anmelden.

Ausführliche Hinweise hierzu befinden sich in Kapitel 4, Seite 57 ff.

3.8 Schutz vor Täuschung

Es gibt haupsächlich zwei Täuschungsmöglichkeiten: Das *Abschreiben* aus bereits vorhandenen Arbeiten und die *unerlaubte Hilfe* dritter Personen. Zwar muss am Ende der Arbeit versichert werden, dass sie selbstständig angefertigt wurde, nur ist dies natürlich kein Schutz vor Betrug.

Das Internet

Prinzipiell bietet die Internetrecherche einen großen Zugewinn im Vergleich zur klassischen Literaturrecherche. Dass viele Jugendliche in dieser Methode den meisten Lehrkräften überlegen sind, sollte auf keinen Fall gegen sie oder gegen diese Methode sprechen. In Zeiten des Internet ist es allerdings gut möglich, dass Schüler ein bestimmtes Thema gerade deshalb wählen, weil sie bereits über die Arbeit verfügen. Da in einigen Ländern Facharbeiten obligatorisch sind, existieren dort besonders viele Arbeiten. Es gibt also einen „Markt" für Facharbeiten. Diesen gab es schon vor dem Internet – es hat ihn nur stark erweitert und bequemer zugänglich gemacht.

Nebenbei: Auch früher waren Täuschungshandlungen möglich, auch wenn sie nicht so einfach waren. Welche Lehrkraft kannte schon die Facharbeitsthemen der Nachbarschulen?

Auf lange Sicht müssen die Lehrerkollegien gegen diese Form der Täuschungsmöglichkeit „nachrüsten": Die Themen aller Schulen, mindestens auf Ebene des Bundeslandes, für das dieselben Bedingungen gelten, müssen gesammelt werden und allen Schulen zugänglich sein, z. B. über das Internet. Die Lehrkräfte können im Falle eines Verdachtes hier nachschauen. Dies ist – als positiver Effekt – gleichzeitig eine Orientierungshilfe bei der Themenfindung. Die weiter gehende Forderung, nämlich mit den Internet-Fähigkeiten der Schüler gleichzuziehen, ist zwar berechtigt, angesichts der Vielfalt der Internet-Pfade ist sie gegen Täuschungsversuche jedoch kaum erfolgreich.

Auch die häufig geäußerte Empfehlung, sich Quellen aus dem Internet immer vollständig ausgedruckt vorlegen zu lassen, kann eine Täuschung nicht verhindern. Gerade diejenigen Quellen, aus denen sie abschreiben, werden Schülerinnen oder Schüler natürlich gar nicht erst nennen.

Um Täuschungsversuchen vorzubeugen, ist es ratsam, das Thema möglichst spezifisch zu formulieren. „Die Laubstreu-Organismen im Oberolmer Wald in Abhängigkeit vom Untergrund" bleibt ziemlich abschreibsicher und „Der Bau eines Funktionsmodells der

Synapsenvorgänge" und seine schriftliche Fassung ist absolut abschreibsicher, wenn sie vom Lehrer begleitet wird.

Je konkreter, spezieller, individueller oder origineller ein Thema ist, desto geringer die Wahrscheinlichkeit, dass es schon anderweitig existiert.

Die unerlaubte Hilfe dritter Personen ist natürlich immer möglich. Ihr kann man nur durch eine enge Begleitung der Arbeit und das spätere Kolloquium entgegenwirken.

Bereits besorgte Literatur durchsprechen, sich Zwischenergebnisse vorlegen lassen, Schlussfolgerungen diskutieren, das weitere Vorgehen besprechen sind gute Möglichkeiten, Täuschungsversuchen vorzubeugen.

3.9 Kommentierte Themenliste

Die Zuordnung eines Themas zu einem Schulfach

Sie wird oft von den konkreten Umständen (Fächerbelegung, Lehrplan, Lehrkraft) abhängen. Zum Beispiel werden häufig biologische Fragestellungen mit chemischen Methoden untersucht oder chemische Themen mit physikalischen Methoden. Es ist im Grunde beliebig, welchem Schulfach man die Arbeit dann zuordnet.

In der folgenden Zusammenstellung wurde die *Fragestellung*, nicht die Methode als Zuordnungskriterium genommen.

(Weitere, jedoch unkommentierte Themen finden Sie in der Themenliste, Seite 98 ff.)

Biologie

Vergleichende Beobachtungen von Legehennen in verschiedenen Haltungssystemen
Zu dieser Gruppenarbeit gehörte eine Recherche in verschiedenen Lebensmittelgeschäften und -abteilungen sowie eine Befragung von Hühnerhaltern und eigene Beobachtungen in Hühnerhaltungen.

Experimentelle Untersuchung des Geruchssinnes von Kellerassel und Mauerassel
Es wurden im Verlauf der Untersuchungen je ca. 15 Asseln in einer selbst gebastelten Apparatur (Y-förmig) in Auswahlversuchen getestet. Die praktische Arbeit wurde durch eine Literaturrecherche ergänzt.

Die Entwicklung und das Orientierungsverhalten von Schmeißfliegenlarven und Imagines – Quantität und Qualität des Lichtes und die Beeinflussung durch Wärme
Die Arbeit erwies sich als zu „groß" für einen einzelnen Schüler. Die Anzahl der Variablen war zu umfangreich.

Konzentrationsfähigkeit unter Musikeinfluss
Untersucht wurde das Absolvieren eines standardisierten Konzentrationstests (Buchstaben mit Punkten anstreichen) von Schülerinnen und Schülern mehrerer Klassen ohne und mit Musik unterschiedlicher Art (traditionell, Techno) und Lautstärke; statistische Auswertung mit Fehlerbetrachtungen. Das Thema könnte man auch variieren, indem man z. B. das Lernen einer Anzahl von unbekannten (oder Nonsens-) Vokabeln oder von bestimmten manuellen Fertigkeiten (Origami) oder Erinnern einer Reihe von Gegenständen oder Wörtern (Kim-Spiel) testet. Statt „Musik" könnte man auch verschiedene Arten und Lautstärken von Lärm oder Geräuschen wählen.

Die Biozönose des Schulteiches
Je nach Größe des Gewässers auch oder nur als Gemeinschaftsarbeit geeignet: Trennung in Fauna und Flora; mögliche Erweiterungen: chemische Parameter, Biotop-Untersuchung.

Untersuchungen zum Laubstreu-Abbau im Oberolmer Wald
Die Arbeit umfasste verschiedene Bodentypen, Tages- und Jahreszeitabhängigkeit, Temperatur und Feuchtigkeit; zu viel für eine Einzelarbeit. Beim nächsten Mal wurde das Thema eingeschränkt:

Untersuchung der Zusammensetzung der Laubstreu-Fauna im Oberolmer Wald in Abhängigkeit von der Bodenbeschaffenheit am Flutgraben bei Wackernheim
Es handelte sich um die biologische und chemische Untersuchung an ca. 10 Mess-

„Themensuche"

stellen eines kleinen Baches mit landwirtschaftlichem Umfeld vor und nach einem Dorf im Verlauf von 3 Monaten.

Vergleich des Planktongehalts von Fließ- und Stehgewässern in der Umgebung des Rheins
Die mikroskopischen Untersuchungen in dieser Gemeinschaftsarbeit waren sehr arbeitsintensiv, da 5 Gewässer untersucht wurden. Bei diesem Thema ist ein hohes Maß an Geduld, Fleiß und Akribie erforderlich.

Pflanzensoziologische Erfassung eines Trockenrasen-Restbiotops unterhalb der Schule
Es handelte sich um ein Stück Brachland, das – leider erwartungsgemäß – drei Jahre nach der Facharbeit zum Parkplatz umgestaltet wurde.

Wie wehren sich Pflanzen gegen Pilzbefall? Untersuchung von verschiedenen Pflanzenteilen auf pilzhemmende Wirkung
Die Pilze wurden zur Untersuchung zuerst in Reinkulturen isoliert. Die Pflanzenteile wurden als lebende Teile getestet. Die Arbeit ist – auch als Gemeinschaftsarbeit – sehr arbeitsaufwändig. Es muss zuerst die Technik der Sterilkultur erlernt werden.

Experimentelle Untersuchung der Keimungsbedingungen von [drei Pflanzenarten]: Ermitteln von Licht-, Temperatur- und pH-Optimum
Schnell keimende Pflanzensamen mit hoher Keimfähigkeit erhält man im Reformhaus. Durch parallelen Ansatz bedeuten drei Arten kaum Mehrarbeit. Man wählt am besten unterschiedliche (Licht-) Keimtypen aus.

Untersuchung des enzymatischen Abbaus von Stärke durch Amalysen, die in verschiedenen Mehlen und keimendem Getreide enthalten sind.
Mehle und vor allem keimende Getreidekörner enthalten natürlicherweise Amylasen, die die Stärke einer Stärkelösung spalten. Nachweise: Fehling und Lugol. Feststellung der Amylase-Aktivität in Abhängigkeit von der Keimdauer.

Das menschliche Haar. Biologische, kosmetische und gesellschaftliche Aspekte
Eine Aufsehen erregende Gemeinschaftsarbeit: Wann kommt es schon vor, dass Mitschüler und Lehrer um die Abgabe von 9 unterschiedlichen Haarproben gebeten werden? Leider erwiesen sich die Kosmetikfirmen als absolut unkooperativ.

Ermittlung des relativen Genabstandes bei Drosophila melanogaster mithilfe der Dreipunktanalyse
Stämme erhält man im Genetik-Institut der Universität kostenlos, die Anzucht ist unproblematisch: Eine relativ sichere Arbeit – allerdings auch nicht besonders vielfältig.

Der Opiatrezeptor
Eine extrem anspruchsvolle Literaturarbeit, teilweise mit englischsprachiger Originalliteratur.

Freilandbeobachtungen auf dem Affenberg in Salem – Haben die Berberaffen in Mendlishausen eine Tagesrhythmik ausgebildet?
Zuerst müssen die individuellen Affen durch Beobachtungen erkannt und ein Zugang zu ihrem Verhaltensrepertoir gefunden werden. Nach der Auswahl geeigneter Focustiere wurden diese in 10-minütigen Intervallen mithilfe von Checklisten über drei Wochen hinweg zu unterschiedlichen Zeiten beobachtet. Die Checklisten wurden ausgewertet und das Verhalten der Affen zusätzlich noch in Beziehung zueinander gesetzt. Diese sehr zeitaufwändige Arbeit kann auch in zoologischen Gärten und sehr gut als Gruppenarbeit durchgeführt werden.

Chemie

Nitrat. Der Weg in den Körper und die Auswirkungen
Die Arbeit beinhaltete Berichte von mehreren Nitrat-/Nitrit-„Unfällen" im Mainzer Raum (Sonderkulturen mit intensiver Düngung), aktuelle, eigene Untersuchungen mit Teststäbchen, Recherchen bei den Wasserwerken und Auswertungen medizinisch-biochemischer Literatur.

Konstruktion eines im Unterricht einsetzbaren DNA-Modells
Das Modell muss also groß, stabil und farbig sein, außerdem natürlich genau. Die Arbeit wird weniger an ihrem DNA-Referat-Teil gemessen, sondern an den Überlegungen und Versuchen, die Aufgabe in die Praxis umzusetzen: Welches Material? Warum? Welches nicht? Warum nicht? Welche Farbgebung? Wo welche Abstraktion? Wo nicht? usw.

Bau eines RNA-Modells
Ursprünglicher Titel: Bau eines t-RNA-Modells. Dazu konnte nicht genügend geeignete Literatur gefunden werden.

Isolierung von DNA aus verschiedenen Geweben mit einfachen Methoden
Untersucht wurden verschiedene einfache Präparationsmethoden auf deren Brauchbarkeit im Unterricht. Die Extraktion aus Pflanzenproben gelang damit nicht.

Paramagnetisches Verhalten und Farbigkeit von Komplexverbindungen.
Experimentelle Untersuchung in der Chemiesammlung vorhandener Schwermetall-Komplexsalze; hoher Materialverbrauch!

Die dreidimensionale Darstellung von Molekülen und von Reaktionsmechanismen in verschiedenen Modellvorstellungen
Ausgehend von einer Darstellung der Valence-Bond- und Molekülorbital-Theorie wurden diese auf jeweils dieselben Moleküle angewendet (CH_4, O_2, CO_2) und räumliche Modelle für den Ablauf einer Additions- und einer Eliminierungsreaktion gebaut (jeweils 3 Zustände).

Vergleich zwischen Leitfähigkeitstitration und pH-Titration
Es wurden 4 Säuren und 3 Laugen in jeweils unterschiedlichen Kombinationen und Konzentrationen titriert.

Die Leitfähigkeit von Extrakten aus Kiefernborke als Indikator für Luftverschmutzungen
Entwicklung eines standardisierten Verfahrens zur indirekten Messung von SO_2-Immissionen.

Chromatografische Analyse der Aminosäuren beim Miller-Versuch
Messung von Ionenwanderungsgeschwindigkeiten (Einengung auf einen Versuch und unterschiedliche Bedingungen oder eine bestimmte Anzahl von Versuchen oder Ionen)

Osmotische Untersuchungen von Salzlösungen unterschiedlicher Konzentration
Die Versuche können mit einem Einfachst-Osmometer durchgeführt werden (Praxis der Biologie 46 (1997), S. 45 f.). Mit dieser Methode können unterschiedliche Fragestellungen bearbeitet werden, wie die Löslichkeit des Salzes oder die Anzahl der entstehenden Ionen beim Lösen des Salzes.

Warum machten Chemiker eine der Hauptentdeckungen der Physik unseres Jahrhunderts, der Kernspaltung?
Die Arbeit stellte sich als deutlich schwieriger heraus als geplant, da zu den biografischen Hintergrundinformationen die genaue Kenntnis der „physikalischen" und „chemischen" Methoden und Denkweisen der damaligen Zeit gehört.

Nachweis des Hepatitis-C-Virus durch Polymerasekettenreaktion: Vergleich mit der bisherigen immunologischen Methode
Zu dieser Literaturarbeit (es gibt allerdings noch kaum „schülergerechte" Literatur hierzu) gehörten auch mehrere Besuche in der Transfusionszentrale.

Der Vitamin C-Gehalt in Äpfeln verschiedener Sorten, seine Bedeutung und seine Abhängigkeit von Konservierungsmethoden
Nach der theoretischen Darstellung der Bedeutung von Vitamin C für den Menschen wurden verschiedenste Apfelsorten auf ihren Vitamin C-Gehalt untersucht. Die Auswirkung moderner Lagerhaltung und verschiedener Konservierungsmethoden auf den Vitamin C-Gehalt der unterschiedlichen Äpfel wurde gemessen und analysiert. Zur Abrundung der Arbeit erfolgte ein Exkurs zur schonendsten (bezüglich Vitamin C) und dadurch gesündesten Zubereitungsweise für Äpfel.

Aspirin – Untersuchung herkömmlicher Tabletten auf ihren Acetylsalicylsäuregehalt und effektive Eigensynthese
Nach der theoretischen Erläuterung der pharmakologischen Wirkung von Acetylsalicylsäure wurden verschiedene Tabletten quantiv auf ihre Zusammensetzung analysiert. Anschließend wurde versucht, auf möglichst effektive Art unter schulischen Bedingungen eine optimale Acetylsalicylsäureausbeute zu erreichen.

Waschmittel und ihre Wirkung auf die Umwelt – untersucht am Beispiel von Kressesamen
Verschiedene Waschmittel aus einem Supermarkt wurden auf ihre Zusammensetzung untersucht und in Gruppen klassifiziert. Gekeimte Kressesamen wurden in unterschiedlicher Konzentrationen mit den verschiedenen Waschmittellösungen gegossen und über mehrere Tage hinweg auf die verschiedenen Waschmittelauswirkungen hin untersucht. Langzeituntersuchungen mit gekeimten Bohnen schlossen sich daran an. Andere schnell keimende Pflanzensamen eignen sich in gleicher Weise.

Papier – Vergleich der Herstellung im Schullabor mit der Kartonagenfabrik und Papierverbrauch zweier Jahrgänge der Oberstufe während eines Monats Schulzeit
Im Schullabor wurde aus Altpapier versucht, möglichst effektiv reißfestes Papier herzustellen. Diese Methode wurde mit derjenigen der nahe gegelegenen Papierfabrik (Kartonagen) verglichen. In einem zweiten Teil wurde der Papierverbrauch von ca. 200 Jugendlichen in einem Monat gemessen und auf die Zusammensetzung bezüglich verschiedener Papiersorten analysiert. Eine Umfrage zur Verwendung und Akzeptanz von Recyclingpapier beschloss die Arbeit.

Physik

Siebkette, Tief- und Hochpass
Im Unterricht wurde das Verhalten einzelner Bauelemente im Wechselstromkreis behandelt. In dieser Arbeit werden nun drei verschiedene Schaltungen experimentell untersucht und theoretisch beschrieben. Die Arbeit eignet sich als Gruppenarbeit.

Interferenz durch Reflexion von Ultraschall
Es wurden die Experimente von LLOYD und FRESNEL unter Verwendung von Ultraschallwandlern aufgebaut, ausgemessen und theoretisch behandelt.

Interferenz von Licht an selbst erstellten Spaltanordnungen
Auf fotografischem Wege werden verschiedene Spalte hergestellt und die Beugung von Laserlicht an diesen Spalten untersucht. Dabei ergeben sich viele Möglichkeiten durch

Variation aller denkbaren Parameter. Experimentelle Ergebnisse und Theorie werden verglichen.

Interferenz an Mehrfachspalten in der Simulation
Es wurde ein selbst erstelltes Computerprogramm benutzt, um die Beugungsmuster hinter verschiedenen Anordnungen verschiedener Öffnungen zu simulieren. Die Arbeit lässt sich gut durch verschiedene experimentelle Arbeiten ergänzen. Sie ist auch als Gruppenarbeit für bis zu drei Teilnehmer geeignet.

Schaltungen mit Widerständen und Kondensatoren
Nach der Behandlung der grundlegenden Gesetze erschließt diese Arbeit in Theorie und Experiment verschiedene Schaltungen mit den genannten Bauteilen. Eine Vielfalt möglicher Aspekte, vom Zeitverhalten bei Entladungen bis zum Verhalten in Wechselstromkreisen, lässt sich untersuchen.

Gedämpfte Schwingungen eines (Feder-Masse-) Pendels
Gedämpfte Schwingungen werden erzeugt und in einer Simulation untersucht. Dabei lassen sich mindestens die drei Reibungsarten (Festkörperreibung, Luftreibung und innere Reibung) behandeln. Diese Arbeit ist daher gut als Gruppenarbeit oder zerlegt für einen parallel arbeitenden Kurs geeignet.

Bestimmung der Erdbeschleunigung mit dem Pendel
Einfache Pendel eignen sich zur Bestimmung der Erdbeschleunigung. Der Vergleich von Experiment und Theorie sowie sorgfältige Fehlerbetrachtungen gehören zum erwarteten Umfang der Arbeit. Statt „mit dem Pendel" kann das Thema auch lauten „mit einfachen Mitteln". Dann eignet es sich auch für große Gruppen.

Der schiefe Wurf – Versuche mit einer Spielzeugpistole
Dies ist ein vielseitiges Thema mit sehr guten Möglichkeiten, in der die Bearbeiter viele verschiedene Registriermöglichkeiten benutzen können. Wenn nur wenig Zeit zur Verfügung steht, sollte man nach einer Einarbeitungszeit den Rahmen begrenzen.

Themenfindung in abiturrelevanten Kursen

Wenn alle Teilnehmer eines Kurses ihre Facharbeit in Physik schreiben, werden häufig Themen berührt, die für das schriftliche Abitur relevant sein können. Dann ist es erforderlich, für die gestellten Themen einen begrenzten Rahmen auszuwählen, um ungleiche Voraussetzungen für das Abitur zu vermeiden. Dies kann z. B. dadurch geschehen, dass alle Arbeiten der Übersicht über ein nicht behandeltes Gebiet dienen.

Ein Beispiel dazu: Als Ergänzung zum Thema „Wellenoptik", das im Unterricht behandelt wird, ergeben sich die folgenden fünf Teilthemen, die alle für Gruppenarbeiten geeignet sind.
– *Dispersion und das Brechungsgesetz*
  Erwartet wird die Vorstellung des Brechungsgesetzes in verschiedenen Darstellungen und seine Einbettung in die Wellenoptik. Diese sollte dann – ebenso wie die folgenden – in Theorie und Experiment vor dem gesamten Kurs präsentiert werden. Die Präsentation kann möglicherweise Teil der Bewertung sein. Es ist sinnvoll, dafür einen festen Zeitrahmen, deutlich unter 45 Minuten vorzugeben, der eingehalten werden muss.

Die weiteren Teilthemen können sein:
– *Bestimmung des Brechungsindexes verschiedener Materialien unter besonderer Beachtung der Lichtgeschwindigkeit*

– *Kalibrierung eines Prismenspektrums mithilfe eines Gitters*
– *Polarisation*
– *Spiegel, Reflexionsgitter und Fermat'sches Prinzip*

Am letzten Beispiel soll gezeigt werden, wie eine Präzisierung nach der Findungsphase aussehen kann. Es können im Untertitel folgend die Aufträge genannt werden: „Erarbeiten Sie die Beschreibung des Reflexionsvorganges in der Zeigerdarstellung nach FEYNMAN. Erstellen Sie ein Experiment zum Reflexionsgitter und vergleichen Sie seine Ergebnisse mit dem vorgelegten Simulationsprogramm".

Themen mit Tücken

Manche Themen erscheinen auf den ersten Blick sehr gut, zeigen aber bei genauerem Hinsehen ihre Tücken.

Anwendungen physikalischer Methoden in der Medizin
Dieses Thema ist zu weit gefasst und bedarf in einer Findungsphase der starken Einschränkung. Eine Einigung über die zu behandelnden Methoden und die erforderliche Tiefe ist notwendig.

Die Linsenfehler und ihre Beseitigung
Hier ist nicht klar, welche Tiefe der Behandlung der Verfasser erreichen soll. Wie beim Thema „Reflexionsgitter" sind hier nach einer Vorlaufphase Präzisierungen der Aufgabenstellung erforderlich. Für die Schülerinnen und Schüler ist nicht erkennbar, inwieweit die von ihnen gefundenen Aspekte das Thema abdecken oder möglicherweise zufällige Randgebiete darstellen.

Nadelimpulse in Koaxialkabeln
Dieses Thema lässt viele experimentelle und theoretische Untersuchungen zu. Sehr viele

Schülerinnen und Schüler werden aber überfordert sein, weil viel elektronisches Geschick erforderlich ist. Physik gilt zum Teil ohnehin als Spezialistenfach und steht in dem Ruf, Mädchen abzuschrecken. Auch unter diesem Aspekt sollte man mit solchen „Bastlerthemen" vorsichtig umgehen.

Emissions- und Absorptionsspektren, Entstehung und wissenschaftliche Bedeutung
Das Thema ist interessant und relevant. Durch den Zusatz wird aber sein Schwerpunkt in einen Bereich gelegt, der fast ausschließlich Literaturarbeit und Reproduktion erfordert. Damit ist das Thema nur noch wenig geeignet, physikalische Arbeitsweisen zu fördern.

Selbstbau eines Modells zur Ultraschalldiagnostik
Das Thema erscheint ansprechend. Es gibt aber nur so wenig Literatur zum Thema, dass man sie entweder bereitstellen muss oder auf das Thema verzichten sollte. Überhaupt muss im Einzelfall kritisch geprüft werden, ob die benötigte Literatur am Schulort zugänglich ist.

Beugung und Interferenz bei Mikrowellen
Dies ist ein vielfältiges, interessantes und schülergerechtes Thema, das sich auch für eine Gruppenarbeit eignet. Nur wenige Schulen werden aber über mehrere Gerätesätze verfügen. Wenn mehrere Gruppen parallel arbeiten, besteht die Gefahr, dass mit der Bearbeitung ein sehr breites Gebiet abgedeckt wird, das dann aus Gründen der Gerechtigkeit im Abitur nicht mehr vorkommen darf. Schulen, die ihre Abituraufgaben selbst entwickeln, müssen mit einem solchen Thema darum sehr vorsichtig sein.

Bau und Erprobung eines Seismographen
Dieses Thema erfüllt viele Bedingungen. Es braucht aber mindestens ein Jahr für die Be-

arbeitung. In vielen Ländern steht ein solcher Zeitrahmen nicht zur Verfügung.

Fächerübergreifende Themen (Literaturarbeiten)

Physik-/ Chemiegeschichte
Vergleich der Biografien des Paares FRITZ HABER und CLARA IMMERWAHR
Das Leben und das tragische Ende (im Grunde beider Partner, wenn man die „Nachgeschichte" bis zur Haber-Feier am K.-Wilhelm-Institut 1934 hinzu nimmt) ist in zwei unterschiedlichen Biografien aus unterschiedlichen Blickwinkeln dokumentiert.

Geschichte – Chemie/Physik
Das Forscher„paar" FRITZ HABER / ROBERT BOSCH
Ihre soziale Herkunft, die politischen Verstrickungen, beider unrühmliches Ende. Zu dem Thema gibt es einen Film („Väter und Söhne"). Dies ist eine historische Arbeit mit naturwissenschaftlichen Komponenten. Beide waren Vollblut-Naturwissenschaftler!

Physik-/ Chemiegeschichte und Gesellschaftslehre
Die Entdeckung der Kernspaltung – Die Rolle von LISE MEITNER bei einem Meilenstein der Physik
Neben der Entwicklung der beiden Naturwissenschaften in einem Grenzbereich spielen hier auch gesellschaftshistorische Fakten mit: LISE MEITNER durfte anfangs – als Frau – nicht das Institut betreten, später musste sie – als Jüdin – das Institut verlassen, und doch war sie dann an der Entdeckung der Kernspaltung – als Korrespondentin mit allen kompetenten Forschern – unmittelbar beteiligt.

4. Durchführung

4.1 Der zeitliche Ablauf

Für Schüler und Lehrer ist ein klar strukturierter Verlauf zur Erstellung einer Facharbeit oder besonderen Lernleistung äußerst hilfreich. Für die Schüler ist die Arbeit meistens die erste große, selbstständige Arbeit, die sie anfertigen, und ein Großteil von ihnen fühlt sich angesichts der bevorstehenden Aufgabe stark verunsichert. Es ist deswegen sehr hilfreich, den Schülern einen klaren Zeitablauf vorzugeben. Dieser Verlaufsplan hilft ihnen, die Arbeit zu strukturieren und sie fassbar zu machen. Den Lehrern erleichtert der Plan, die Arbeit zu begleiten, d. h. die Entstehungsgeschichte zu erfassen, Hilfestellungen zu geben und Fehlwege einzudämmen.

Die Zeitangaben im Muster (s. Anhang, Seite 104) für die einzelnen Phasen sind sehr vage gehalten, da für die Facharbeit bzw. die besondere Lernleistung je nach Bundesland oder Schulsituation ein unterschiedlicher Zeitrahmen zur Verfügung steht. Dieser Rahmen schwankt zwischen drei Monaten und einem Jahr, sodass es wenig Sinn macht, von einheitlichen Zeitdimensionen auszugehen. Bei knappen Zeitvorgaben sollte die Arbeit möglichst nicht zu Beginn des ersten Schulhalbjahres liegen, um eine hinreichende Beteiligung der Schüler an der Themenfindung zu ermöglichen.

In den folgenden Abschnitten werden Vorschläge gemacht, die an die jeweilige schulische Situation angepasst werden müssen. In der gesamten Bundesrepublik gibt es stark divergierende Rahmenbedingungen und Voraussetzungen (s. Kapitel 2.2) – von einzelnen Arbeiten in einem Jahrgang bis zu Klassenstufen, die geschlossen in einem Leistungskurs oder in einem anderen Kurs eine Arbeit schreiben müssen. Eine wichtige Voraussetzung ist die Bereitschaft des einzelnen Lehrers, Arbeiten nicht nur zu betreuen, sondern sie auch als wichtiges pädagogisches Instrument und Lernfeld zu verstehen. Nach Möglichkeit sollte eine einheitliche Linie in der gesamten Schule angestrebt werden, sodass die Arbeiten ein akzeptiertes Element des schulischen Profils sind. Einige der folgenden Ideen haben einen Konferenzbeschluss des Kollegiums zur Voraussetzung. Sollte dies nicht erreichbar sein, kann jede der Anregungen auch in kleinerem Rahmen umgesetzt werden.

Der feste Rahmen

Wichtig ist es, der Erstellung der Arbeit einen festen Rahmen zu geben, d. h. einen gestalteten Anfang und ein gestaltetes Ende zu setzen, sowie einen Ablaufplan einzuhalten. Ob dieser Rahmen größer oder kleiner ist, hängt von der jeweiligen Situation ab; entscheidend ist, dass er vorhanden ist.

Institutionalisierte Rituale für Start und Ende der Facharbeit oder besonderen Lernleistung wirken motivierend.

Der Startschuss für die Arbeit kann mit einer jahrgangsübergreifenden Veranstaltung erfolgen, in der die technischen Modalitäten, Abgabezeitpunkte, äußere Form, Bewertung usw. für den gesamten Jahrgang dargelegt werden. In dieser Veranstaltung können zusätzlich, nach Möglichkeit von den jeweiligen Verfassern aus dem Vorjahr selbst, gute Arbeiten der vergangenen Jahre vorgestellt werden; die alten „Facharbeitshasen" des Vorjahres können den Neuen aus Schülersicht nützliche Tipps geben und sie vor allem auf Fehler hinweisen, die ihnen unterlaufen sind. Die Erfahrung lehrt, dass die von Mitschülern kommenden Hinweise ernster und aufmerksamer aufgenommen werden, als wenn Lehrer die selben Ratschläge geben.

Diese zentrale Veranstaltung sollte mehrere Wochen vor der offiziellen Themenvergabe angesetzt sein. In den darauf folgenden Stunden können die Kursleiter in ihren jeweiligen Unterrichtsstunden die besonderen fachspezifischen Prinzipien und Regeln bekannt geben und mögliche Themen vorstellen. Danach ist es allerdings nur noch sinnvoll, das Thema in Einzelgesprächen mit dem jeweiligen Schüler näher zu konkretisieren.

Themenfindung

Dabei gilt es in einem ersten Schritt abzuklären, in welcher Art und Weise der Schüler arbeiten möchte. Für experimentelle Arbeiten müssen andere Vorkehrungen getroffen werden (s. Abschnitt 4.2) als für reine Wortarbeiten. Unter Wortarbeiten verstehen wir Literaturarbeiten und journalistische Erhebungen, wie Umfragen etc. Wichtig ist es auf jeden Fall, ein Thema sehr eng zu fassen. Schüler neigen dazu, aus Unsicherheit und Unwissenheit ein thematisch sehr weites Feld anzugehen. Dieses kann dann nicht genügend bearbeitet werden und das Ergebnis ist meist eine Arbeit, die nur an der Oberfläche herumkratzt und Schüler wie Lehrer frustriert zurücklässt. Zum Beispiel wäre ein Thema „Die Berberaffen" nicht sehr effektiv, die Konkretisierung auf „Untersuchung zur Tagesrhythmik bei Berberaffen auf dem Affenberg in Salem" dagegen ermöglicht von Anfang an ein zielgerichtetes Vorgehen (s. Kapitel 3.2). Der Übergang von einem vorläufigen Arbeitstitel zum endgültigen Thema muss unbedingt deutlich gemacht werden.

Die Themeneinschränkungen sollten gemeinsam mit den Schülern sorgfältig erarbeitet werden.

Einige Schüler kommen mit festen Vorstellungen über ihr Thema. Diese sollten nach Möglichkeit aufgegriffen werden, da die Motivation dann sehr hoch ist, es sei denn, die Ideen sind ethisch nicht vertretbar oder absolut undurchführbar. In den meisten Fällen sind diese Themen die Hobbys der Schüler, d. h. die Schüler sind schon darauf spezialisiert. Dies ist an und für sich kein Problem, der Lehrer sollte nur von Anfang an klarstellen, dass er von diesem Spezialgebiet möglicherweise noch wenig spezifische Kenntnisse hat. Es müssen daher auch konkretere Verabredungen als sonst über die zur Verfügung stehende Spezialliteratur, Internetadressen und -ausdrucke getroffen werden.

Der Lehrer muss in diesem Fall die Schüler ganz eindringlich darauf hinweisen, dass bei der Bewertung der Arbeit entscheidend ist, wie der Erkenntnisgewinn im Verlaufe einer Arbeit erreicht wurde und wie die in der Arbeit angewandte Methodik zu beurteilen ist, da das Spezialwissen der Schüler alleine genommen kein Maßstab für die Bewertung einer Facharbeit ist.

In ersten Gesprächen sollten folgende Punkte geklärt und festgelegt werden:
– Welcher Themenbereich (z. B.: Ökologie, Biochemie, usw.) kommt in Frage?
– Soll es sich um eine experimentelle oder um eine Wortarbeit handeln?

Bei der experimentellen Arbeit sind folgende Fragen zu klären:
– Finden die Experimente im Labor oder im Freiland statt?

– Welche Sicherheitsbestimmungen gilt es einzuhalten und wer verantwortet diese? (s. Abschnitt 4.2)
– Sind Lebewesen betroffen, die dem Tierschutz oder Artenschutz unterliegen, sodass die jeweiligen Bestimmungen eingeholt werden müssen.
– Können größere Kosten entstehen und wer könnte diese übernehmen?

Bei der Wortarbeit sind die Fragen zu klären:
– Handelt es sich um eine Literaturarbeit oder um eine journalistische Arbeit?
– Inwieweit sind die Persönlichkeitsrechte von Mitschülern oder Bürgern betroffen und wie werden diese geschützt (z. B. bei Umfragen)?

Aus Erfahrung ist es wichtig, eine mehrtägige Denkpause zwischen dem oder den ersten und den weiteren Gesprächen zu belassen. Schüler erkundigen sich in dieser Phase oftmals bei verschiedenen Lehrern und entscheiden manchmal erst später, in welchem Fach sie ihre Arbeit schreiben wollen.

Die nächsten Gespräche dienen dazu, den Themenbereich immer mehr einzuengen. Die Fragestellung sollte sich nunmehr konkretisieren. Aus der Fragestellung ergibt sich schlüssig die Untersuchungsmethode. Mit den Schülern sollten die Grundzüge der Methode besprochen und auf deren besondere Schwierigkeiten (z. B.: experimentelle Sicherheitsprobleme, Fragebogenausarbeitungen o. ä.) hingewiesen werden. Am Ende der Gesprächsrunde stehen die gemeinsam von Lehrern und Schülern ausgearbeiteten, nunmehr verbindlichen Themen. Diese sollten in irgendeiner Form öffentlich gemacht werden, um den verbindlichen Charakter zu unterstreichen. Diese Öffentlichkeit kann z. B. mit einem Aushang vor dem Rektorat oder dem Fachbereich erreicht werden oder durch Verkünden bzw. Vorstellen der Arbeitsthemen,

z. B. in einer wöchentlichen Schulversammlung.

Die Vorphase ist sehr wichtig: Je mehr Mühe und Zeit in die Ausarbeitung des Themas investiert wird, um so einfacher und konfliktfreier wird die Arbeitsphase ablaufen. Schüler und Lehrer sollten am Ende der Vorphase zumindest ungefähr wissen, was auf sie zukommt und mit welcher Belastung alle Parteien bei diesem speziellen Thema rechnen müssen. Eventuell kann es bei dem einen oder anderen Thema – vor allem in der Chemie oder Physik – notwendig sein, mithilfe kleinerer Experimente die Durchführbarkeit der Arbeit zu testen, oder es gilt zu klären, ob sämtliche Chemikalien oder Geräte vorhanden sind oder ob eine Firma bzw. ein Institut in der Umgebung Fehlendes zur Verfügung stellen kann.

> In der Vorphase sollte in Ruhe und mit genügend Zeit der mögliche Verlauf der Arbeit besprochen werden.

Die Vorphase für die einzelne Arbeit lässt sich zeitlich schlecht kalkulieren, da sie sehr davon abhängt, wie stringent ein Schüler in der Lage ist, zu arbeiten oder wie „versessen" er auf ein spezielles, schlecht machbares Thema ist. Ein Aspekt ist sicherlich sehr wichtig: Zwischen die Gespräche sollten genügend Phasen des intensiven Nachdenkens gelegt werden. Schüler wie Lehrer müssen den Austausch wirken lassen und reflektieren. Man sollte daher, wenn es möglich ist, sicher nicht mit weniger als vier bis sechs Wochen für die Vorphase rechnen. Sollte ein ganzer Jahrgang in das Konzept einbezogen sein, empfiehlt es sich, zwei Monate dafür anzusetzen, damit die Lehrer nicht in Terminnöte kommen.

Arbeitsphase

Nach der Phase der Themenfindung folgt nun die Arbeitsphase, die je nach Bundesland unterschiedlich lange dauern kann. Für die Schüler folgt nun meist zum ersten Mal der eigenständige Weg zu einem Erkenntnisprozess, der sich nach THEISEN wie folgt darstellt:

„Für jede Prüfungsarbeit ist das erforderliche *Wissen* und das dazu notwendige *Material*
– zu erwerben und zu finden
– zu vertiefen und zu sichern
– zu ergänzen und auszubauen
– zu speichern und zu erfassen
– zu verarbeiten und zu zitieren
– zu vermitteln und aufzubereiten.“[2]

Für den betreuenden Lehrer gilt es, diesen Prozess zu begleiten und zu betreuen. Er sollte sich in Erinnerung rufen, wie schwer ihm selbst Anfang und Ende einer Prüfungsarbeit gefallen sind. In einer Grafik lässt sich der Prozess wie folgt darstellen:

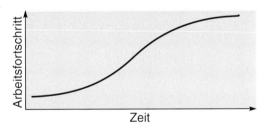

Anhand der Kurve ist deutlich erkennbar, dass der langsamste Arbeitsfortschritt und die zähesten Arbeitsphasen am Anfang und am Ende der Zeitspanne liegen. In diesen Zeiten benötigen die Schüler folglich meist auch die intensivste Betreuung und Unterstützung. Wenn möglich sollten Phasen mit vielen Klausuren berücksichtigt werden.

Schüler, die meist zum ersten Mal vor dem Problem stehen, eine Arbeit selbstständig anzufertigen, können oft keinen Anfang finden. Ihnen hilft es sehr, auf eine visuelle Methode – das *Clustering* – zurückzugreifen. Wie ANDREA FRANK[3] schreibt, kann diese Methode dazu beitragen, „die Angst vor dem weißen Blatt zu überwinden" und einen strukturierten Anfang zu finden. Man geht wie folgt vor: In die Mitte eines Blattes kommt der Kern des Clusters (z. B. ein Aspekt aus der zukünftigen Facharbeit oder der besonderen Lernleistung). Dieser wird eingekreist. In den nächsten Minuten sollen die Gedanken wandern und die Geistesblitze werden auf dem Papier festgehalten, umkreist und mit dem Kern verbunden. Dabei entsteht ein Cluster (s. u.), der als Einstieg in die Arbeit dienen kann. Dieses Grundmuster kann dann bei Bedarf ergänzt bzw. verändert werden und dient im Weiteren der Orientierung.

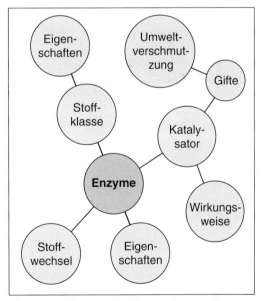

einfaches Cluster zum Thema „Enzyme"

---

[2] THEISEN, M. R.: ABC des wissenschaftlichen Arbeitens, Beck/dtv, 1993, S. 3
[3] FRANK, ANDREA: „Clusterung" und „Mind-mapping". In. Friedrich Jahresheft 1997 (S. 14)

Die Schüler und Schülerinnen sollten – entweder zentral organisiert oder im kleinen Rahmen – eine Einführung in die Internetrecherche erhalten und einen Einblick in eine nahe gelegene große Bibliothek, sodass möglichst alle Schüler mit vergleichbaren Voraussetzungen starten können. Diese Einführungen müssen nicht unbedingt in direktem Zusammenhang mit der Arbeit stehen, sie könnten auch im Rahmen von Projekttagen oder Kursfahrten erfolgen. Hilfreich ist es auch, Mitschüler zu finden, die „Computerasse" oder „Internetfüchse" sind. Sie können als Ansprechpartner für ihre Mitschüler tätig sein. Auftretende Probleme im Umgang mit neuen Informationsquellen können dann für den Lehrer Zeit sparender und für den Schüler einfacher gelöst werden. Zudem sind Schüler oftmals größere Experten im Umgang mit diesen Medien als die betreuenden Lehrer.

Eine Einführung der Schüler in die Internetrecherche und in Bibliotheksarbeit ist notwendig.

Für den Lehrer ist es unabdingbar, Möglichkeiten zu finden, die Arbeit in ihrer Entstehung zu verfolgen, Irrwege zu erkennen und die Authentizität und Autorenschaft der späteren Arbeit abzusichern. Empfehlenswert sind hierfür mindestens drei von Anfang an fest stehende Termine, zu denen die Schüler Rede und Antwort zu ihren bisherigen Erkenntnisfortschritten stehen müssen und ihre weiteren Schritte offenlegen sollten (s. Ablaufplan Seite 104). Die Schüler müssen zu diesen Gesprächen sämtliche Materialien (Bücher, Internetausdrucke u. ä.) mitbringen, sodass der Lehrer einen Eindruck von der entstehenden Arbeit gewinnen kann. In diesen Gesprächen hat er auch die Möglichkeit,

Irrwege zu erkennen und korrigierend einzugreifen. Am Ende des Gespräches ist es sinnvoll, sich Notizen über den Stand der Arbeit, über das Informationsmaterial, den Arbeitsfortschritt und die Selbstständigkeit zu machen, da diese Aspekte eine wichtige Rolle bei der Bewertung spielen. Es ist auch durchaus sinnvoll, dem Schüler diese Notizen in einer Kopie oder in Kurzform auszuhändigen, sodass auch er ein Bild vom Stand seiner Arbeit und seiner Wirkung auf den Lehrer erhält und gegebenenfalls daraus Konsequenzen ziehen kann. In vielen Situationen wird es sicherlich mehr als diese drei formellen Gespräche geben. Oftmals ergeben sich Gespräche zu Fragen und Problemen in der Pause, im Vorübergehen oder bei experimentellen Arbeiten im Schullabor. Empfehlenswert ist es immer, sich kurz darauf einige stichwortartige Notizen zu machen, um den Überblick zu bewahren, vor allem dann, wenn mehrere Arbeiten gleichzeitig betreut werden.

Man sollte mindestens drei fixierte Gesprächstermine einplanen, deren Ergebnis der Lehrer protokolliert.

Wenn ein Lehrer besonders viele Arbeiten betreuen muss, ist die Gefahr, den Überblick zu verlieren, besonders groß. Eine gut durchdachte Abfolge von Gesprächen ist dann besonders wichtig. Vonnöten sind diese Besprechungen auch, um am Ende eine begründete Bewertung abgeben zu können. Außerdem sind die verpflichtenden Gespräche ein Instrumentarium, um den Schülern einen neuen Motivationsschub zu geben, besonders wenn *alle* (und nicht nur die Engagierten) eine Facharbeit schreiben und ein Teil immer wieder einen zusätzlichen Anstoß nötig hat.

Sinnvoll ist es, möglichst frühzeitig eine Gliederung der Arbeit anzuregen, sodass die Schüler sehr früh einen Blick für das entstehende Produkt bekommen und sich daran „entlanghangeln" können. Die Anlage eines *Arbeitsordners*, wie ihn z. B. V. EGGELING[4] vorschlägt, ist sehr sinnvoll.

Der Arbeitsordner soll, entsprechend der Arbeit, folgende Minimalgliederung enthalten:
1. Titelblatt
2. Inhaltsverzeichnis
3. Einleitung
4. Durchführungsteil
5. Schlussteil
6. Fußnoten / Endnoten
7. Literaturverzeichnis (evtl. Tabellen und Abbildungsverzeichnis)

Nach EGGELING soll der Arbeitsordner nicht nur im Computer entstehen, sondern ebenso in einer „greifbaren" Art und Weise. Dies ist vor allem für die in der Computerarbeit ungeübten Schüler eine Notwendigkeit. Eine Strukturierung des Durchführungsteiles ist sehr frühzeitig notwendig, um in diesem wichtigsten Arbeitsabschnitt klare Prioritäten und Abfolgen zu erhalten. Die Schüler müssen auch immer wieder darauf hingewiesen werden, dass das Literaturverzeichnis permanent auf dem Laufenden gehalten werden muss, um wertvolle Daten, die angegeben werden müssen, nicht zu verlieren.

Fertigstellen der Arbeit

Eine weitere visuelle Methode, das „Mindmapping", könnte bei Schülern, die Mühe haben, ihre verschiedenen Wissenssegmente in einen sinnvollen Zusammenhang einer

derart großen Arbeit zu bringen, eingesetzt werden. Wie ANDREA FRANK[5] schreibt, wird im Gegensatz zum Cluster hier nicht frei assoziiert, sondern alle relevanten Teilpunkte (Untersuchungen etc.) der Arbeit werden notiert und um das Thema räumlich gruppiert (Beispiel s. Seite 14). Anschließend kann eine sinnvolle Gliederung aus der bildhaften Darstellung abgeleitet werden.

Die frühzeitige Erstellung einer Gliederung schafft Übersichtlichkeit während der Arbeitsphase.

Gegen Ende der Arbeitsphase sollte man die wichtigsten Prinzipien zum Erstellen einer schriftlichen Arbeit noch einmal gemeinsam durchgehen (s. Kapitel 5). Die Schüler sollte man vor allem auf das indirekte Zitieren hinweisen, das die meisten vernachlässigen, und ihnen eventuell Übersichtsblätter an die Hand geben (Muster s. Seite 110). Diese Punkte können auch in einer gemeinsamen Kurssituation besprochen werden, sofern alle Kursteilnehmer davon betroffen sind. Mit der Abgabe zu einem festgelegten Zeitpunkt endet die Ausarbeitungsphase für die Schüler.

Bewertung, Kolloquium

Der Lehrer hat nun die Aufgabe, die fertige Arbeit mithilfe seiner im Laufe der Zeit gemachten Notizen zu bewerten (s. Kapitel 6). Am Ende der Bewertungsphase findet meist ein Kolloquium bzw. Abschlussgespräch statt. Dort hat zum einen der Schüler die Ge-

---

[4] EGGELING, V. TH.: In: Exposé und Arbeitsordner, in: Friedrich Jahresheft 1997, Lernbox, S. 15
[5] FRANK, ANDREA (s. Seite 51)

legenheit, besondere Probleme seiner Arbeit aufzuzeigen, seine Arbeit in der Gesamtheit darzustellen und den Verlauf des Erkenntnisweges offen zu legen und zu diskutieren. Es bietet zum anderen dem Lehrer die Möglichkeit, die Autorenschaft zu hinterfragen. Außerdem eröffnet es dem Schüler für die Zukunft ein wichtiges Lernfeld: nämlich eine fertig gestellte Arbeit zu reflektieren, gemeinsam kritisch zu analysieren und zu verteidigen. Dies ist eine Kompetenz, die in der Schule eher selten, im späteren Arbeitsprozess jedoch sehr häufig eingefordert wird.

Das Gremium, das für die Kolloquien zusammentritt, kann (je nach Bundesland) unterschiedlich gestaltet sein. Es können zwei Fachkollegen sein oder gerade ein fachfremder Kollege zusammen mit dem betreuenden Lehrer, vor denen der Schüler seine Arbeit vorstellen muss. Eine Einbeziehung der Kurssprecher, also von Mitschülern, in die Kolloquien ist ebenso denkbar. Nur ist es sicherlich nicht sinnvoll, die Anzahl der Gremiumsmitglieder auf mehr als drei anwachsen zu lassen, da dies die Schüler in sehr beklemmende Situationen führen könnte. In der kleinsten Form besteht das „Gremium" nur aus dem betreuenden Lehrer. Die Schule ist jedoch nicht immer frei in der Gestaltung dieses Gremiums. So schreibt zum Beispiel Hamburg den Facharbeitsausschuss vor, der die Gesamtnote der Arbeit festsetzt. Dieser besteht aus drei Personen: dem Vorsitzenden, einem Lehrer in leitender Funktion, dem betreuenden Fachlehrer und einem Fachkollegen. In jedem Fall muss man die Regeln seines entsprechenden Bundeslandes kennen (s. Kapitel 2.2).

Nach Möglichkeit sollte der Schüler seine Arbeit zusätzlich im Kurs in Form eines Referates vorstellen, sodass die Mitschüler ebenso einen Einblick in die verschiedenen Arbeiten bekommen.

Am Ende der Bewertungsphase muss der betreuende Lehrer ein Gutachten verfassen (s. Kapitel 6).

Rückgabe der Arbeiten

Wenn die Möglichkeit in einer Schule besteht, ist es sehr sinnvoll, eine zentrale Veranstaltung zur Ausgabe der Gutachten durchzuführen. Die teils enorme geistige Arbeit, die Schüler hier leisten, ist es wert, zelebriert zu werden. Gleichzeitig werden jüngere Jahrgänge animiert, Themen zu suchen und Interesse zu entwickeln, da sie feststellen, dass Leistung auch gesehen und honoriert wird.

Eine derartige Veranstaltung kann auch in der örtlichen Presse ihren Widerhall finden und bietet die Gewähr, dass Sponsoren aufmerksam werden und Arbeitsmöglichkeiten, Materialien oder Finanzmittel zukünftig zur Verfügung stellen. Schwierigkeiten gibt es bei Schulen, an denen nur wenige Arbeiten pro Jahrgang geschrieben werden. Jedoch ist eine Feier dann eigentlich noch viel wichtiger. Zum einen, um die große Arbeit und das zusätzliche Engagement des Einzelnen zu würdigen, zum anderen, um neue Kandidaten für künftige Arbeiten zu finden. Das Abiturfest, der Schuljahresabschluss, eine Weihnachtsfeier oder eine anderweitige Veranstaltung der gesamten Institution findet sich an jeder Schule. Diese sollte als Plattform genutzt werden, die entstandenen Arbeiten zu würdigen und formell das Gutachten zu übergeben. Wenn in einem Jahrgang oder einer Schule viele Arbeiten geschrieben werden, ist es vorteilhaft, den Ablauf zu ritualisieren.

Übersicht über den zeitlichen Ablauf

<u>Vorphase</u>

Jahrgangsübergreifende Informationsveranstaltung
Zeitbedarf: ca. eine halbe Stunde

Themenfindung

LK-Lehrer / Kursleiter stellen fachspezifische Regelungen und Themen ihrer Fächer vor
Zeitbedarf: ca. eine halbe Stunde

Mindestens zwei Einzelgespräche im Abstand von mehreren Tagen zwischen betreuendem Lehrer und Schüler zur Themenfindung und Konkretisierung

Themenvergabe

Veröffentlichung z. B. in einem offiziellen Aushang der Schule oder in einer wöchentlichen Schulversammlung

<u>Arbeitsphase</u>

Einführungen in die Internetrecherche und in die Handhabung einer großen Bibliothek

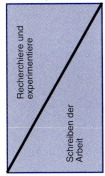

Aushändigung von Labormaterialien und den erforderlichen Sicherheitsbestimmungen

Beratungsgepräch 1 (mit Grobgliederung und Materialsammlung)

Beratungsgespräch 2

Beratungsgespräch 3 (Hinweise zur formalen Gestaltung)

Abgabe der Arbeit

Zum von Anfang an feststehenden Termin

<u>Bewertungsphase</u>

Korrektur der Arbeit durch den Lehrer

Kolloquium

Referat vor dem Kurs

Gutachten

Erstellen eines Gutachtens durch den betreuenden Lehrer

<u>Abschluss</u>

Zum Beispiel feierliche Ausgabe der Gutachten in Form einer schulübergreifenden Ausstellung oder Versammlung

Wünschenswert ist eine öffentliche Darstellung der Arbeiten in Form einer Ausstellung.

Diese Veranstaltung kann analog den regionalen Vorstellungen von „Jugend forscht" organisiert sein, bei der jeder eine Zusammenfassung seiner Arbeit auf einem Plakat präsentieren und mit den Lesern diskutieren kann. Diese Form („Facharbeitsbörse") ist vermutlich für alle Fachbereiche geeignet. Auch ein Versuchsaufbau oder Fotos sind attraktiv. Dafür wesentlich ist es jedoch, einen Konferenzbeschluss zu haben, den alle Lehrer mittragen, da ihre Anwesenheit bei dieser Ausstellung sehr wichtig ist. Für den Austausch der Fachbereiche untereinander ist eine solche Ausstellung sicherlich ebenfalls hilfreich; eine eventuell daraus resultierende Konkurrenz zwischen den Fächern kann befruchtend sein und ist für die Lebendigkeit einer Schule sicher förderlich.

4.2 Technische Hinweise

Bei diesen Hinweisen geht es zum einen um besondere Schwierigkeiten bei der Gleichbehandlung aller Schüler. Zum anderen soll auf die speziellen Probleme, die aus dem experimentellen Ansatz der Naturwissenschaften resultieren, und auf deren Lösungsmöglichkeiten hingewiesen werden.

Allgemeine Hinweise

Die inhaltliche und textliche Durchführung der Arbeit mithilfe der neuen Medien ist heute unabdingbar geworden. Die Anwendung des Computers und der Einsatz des Internet stellen eine notwendige Qualifikation dar, mit

der die Schule Abiturienten in das Studium oder in die Arbeitswelt entlassen sollte (s. Kapitel 1). Die Ausarbeitung mithilfe des Computers gestattet ein selbstständiges Üben des Umgangs mit den neuen Medien in der Schule.

Eine besondere Schwierigkeit in der Gleichstellung aller Schüler liegt zur Zeit jedoch in der unterschiedlichen persönlichen und schulischen Hard- und Softwareaustattung. Es gibt auf der einen Seite Schüler, die immer mit den neuesten Prozessoren und aktuellen Updates der verschiedenen Softwares ausgestattet sind und demzufolge auf diesem Gebiet einen immensen Wissensvorsprung gewonnen haben. Auf der anderen Seite gibt es einen Personenkreis, der noch nie an einem PC gesessen hat. Ein Teil davon – oft sind es Mädchen – lehnt diese Art der Tätigkeit ab, hätte jedoch vom Elternhaus her durchaus die Möglichkeit des Zugangs. Ein anderer, größerer Teil ist aus finanziellen Gründen des Elternhauses von diesem neuen Medium so gut wie abgeschnitten und in einigen Bereichen dadurch inzwischen massiv benachteiligt. Die Schule hat die Verpflichtung, diese Benachteiligung – so gut es eben geht – aufzufangen und zu beheben.

Dies ist in Zeiten leerer öffentlicher Kassen jedoch leichter gesagt als getan. Einige Schulen sind zwar mit den neuesten Geräten ausgestattet, andere jedoch arbeiten auf einem durchaus vorsintflutlichen Niveau. Darüber hinaus ergibt sich nunmehr die Schwierigkeit, einem Teil der Schüler (denen, die keinen eigenen PC haben) den Zugang zu Schulcomputern zu ermöglichen, und zwar nicht unbedingt nur während der Unterrichtszeiten, da die meisten Schüler dann Unterricht haben. Einige oder zumindest ein PC sollte in einen separat zugänglichen Raum gestellt und mit Passwort gesichert werden. Die betroffenen Schüler erhalten einen persönlichen Schlüssel und ihr Passwort und können nun zu all den Zeiten an den PC gelangen, an denen die Schule offen ist. Dies geht meist über die reinen Unterrichtszeiten hinaus, da Vereine, Abendgymnasien u. ä. ebenfalls die Schulräume benutzen. Ein Öffnungsplan sollte für die betroffenen Schüler zusammengestellt werden. Für diese Gruppe sind Mitschüler notwendig, die ihnen – wie in Kapitel 4.1 erwähnt – mit Rat zur Seite stehen können. Das Amt eines „Computersachverständigen" im Jahrgang wäre hilfreich. Eventuell könnte die Schülermitverwaltung (Schülervertretung) diesen Bereich an der Schule organisieren. Auf ähnliche Weise muss man mit Internetzugängen umgehen oder die Schüler auf öffentliche Zugänge in Bibliotheken u. ä. verweisen.

Jeder Schüler und jede Schülerin sollte in der Schule Zugang zu einem PC haben.

Die Möglichkeit, ältere PC-Modelle im Secondhand-Bereich zu organisieren, sollte man nicht außer Acht lassen. Viele Schüler, Kleinunternehmen oder Industriebetriebe tauschen relativ rasch „veraltete" PC aus. Diese werden dann mühsam entsorgt. Für den Schulbereich benötigt man eine Textverarbeitung und einfache Grafikprogramme, dafür sind diese Geräte jedoch immer noch brauchbar. Man könnte an der Schule, eventuell über die Schülervertretung organisiert, eine Secondhand-PC-Börse aufbauen und Schüler dadurch direkt oder im Leihverfahren während der Formulierungsphase mit einem PC ausstatten oder zentrale PC-Arbeitsplätze schaffen. Manche Firmen spenden ältere, durchaus brauchbare Computermodelle im Rahmen von Sponsoring.

Sicherheitsaspekte

Wie es den Naturwissenschaften entspricht, ist die empirische Untersuchung – das Experiment – eine der wichtigsten Grundlagen der Fächer Biologie, Chemie und Physik. Experimentelle Arbeiten werden demzufolge das Gros der naturwissenschaftlichen Arbeiten ausmachen. Diese haben jedoch einige zusätzliche Kosten und Sicherheitsaspekte, die beachtet und einkalkuliert werden müssen.

Jedes Bundesland besitzt zwar ein eigenes Schulgesetz und hat in Verordnungen die genauen Bestimmungen niedergelegt. In vielen Bereichen sind diese jedoch sehr ähnlich. In der gesamten Bundesrepublik hat jeder Lehrer mit derselben Schwierigkeit zu kämpfen, nämlich der Aufsichtspflicht bei Experimentalarbeiten!

Anhand der folgenden Zitate sollen die gesetzlichen Regelungen exemplarisch aufgezeigt werden und einige Tipps zur Lösung gegeben werden.

Die Freie und Hansestadt Hamburg regelt wie folgt: „Sofern Facharbeiten die Inanspruchnahme schulischer Einrichtungen erfordern und die Schule die Voraussetzung für die Durchführung der Facharbeit in ihren Räumen schafft, sind die Schülerinnen und Schüler im Rahmen der schulischen Organisation und Verantwortung tätig und durch die Schulunfallversicherung versichert. Dies gilt insbesondere für experimentelle Facharbeiten in den Fächern Biologie, Chemie und Physik, sofern sie in der Schule angefertigt werden. Der Lehrer kann in Einzelfällen Schüler auch ohne ständige Aufsicht in der Schule experimentieren lassen, wenn er nach den bisherigen Unterrichtserfahrungen mit diesen Schülern davon ausgehen kann, dass sie mit den zur Verfügung gestellten Geräten und Chemikalien sachgerecht umgehen." (Richtlinien zur Sicherheit im naturwissenschaftlichen Unterricht, Hamburg 1995, S. 6, 1.2.4, 2. Absatz)

„Erkundungsgänge, Durchführungen von Befragungen und Besorgungen durch Schülerinnen und Schüler u. ä. im Zusammenhang mit der Anfertigung einer Facharbeit sind nur dann versichert, wenn sie von der Schulleiterin bzw. dem Schulleiter zu Unterrichtsveranstaltungen erklärt werden. Die Veranstaltung bzw. der Auftrag muss jedoch zeitlich, inhaltlich und räumlich hinreichend erkennbar durch die Schule eingegrenzt sein.

Facharbeiten, die außerhalb des organisatorischen Verantwortungsbereiches der Schule durchgeführt werden, sind wie häusliche Arbeiten zu betrachten und damit nicht von der Schulunfallversicherung erfasst. – Schülerinnen und Schüler müssen über diese Sachlage informiert werden. Die Information sollte aktenkundig gemacht werden."[6]

Bei Erkundungen der Schüler aller Art, sei es eine Recherche, Beobachtung o. ä., ist es sinnvoll, sich diese Tätigkeiten mit dem entsprechenden zeitlichen und räumlichen Rahmen von der Schulleitung zur Unterrichtsveranstaltung erklären zu lassen, sodass Schüler in diesem Rahmen versichert sind.

Experimentelle Arbeiten, die sich im Freiland bei Beobachtungsaufgaben u. ä. abspielen, unterliegen demgemäß einer anderen Aufsichtspflicht als Experimente mit speziellen Geräten und Chemikalien im Schullabor.

Bei längeren Beobachtungsaufgaben an derselben Stelle sollte man sich von der Umgebung und den örtlich möglichen Gefahren ein eigenes Bild machen und die Schüler sowie eventuell bei Minderjährigen die Erziehungsberechtigten instruieren bzw. informieren.

Bei Experimenten im Labor bleibt es nicht aus, dass der Lehrer die Aufsicht während des Experimentierzeitraumes übernimmt. Es sollte hier den Schülern ein Zeitrahmen eröffnet werden, in dem sie selbstständig arbeiten können. Während dieser Zeit ist der Lehrer im Raum anwesend und kann seine persönlichen Unterrichtsvorbereitungen treffen. Experimente, die eine direkte Aufsicht durch den Lehrer benötigen, sind im Rahmen einer selbstständigen Facharbeit im Schulbereich eher ungewöhnlich. Die gängigen Experimente sind meist nicht mit einer direkten Gefährdung verbunden. Der Lehrer sollte sich jedoch in Vorversuchen von den manuellen Fähigkeiten der Schüler überzeugen, sodass er von einem sachgerechten Umgang mit Chemikalien und Geräten ausgehen kann. Damit trotzdem auf den einzelnen Lehrer nicht allzu viel Belastung zukommt, kann in der Fachschaft (im Kollegium) ein Zeitrahmen für die Aufsicht durch verschiedene Kollegen erstellt werden. Den Schülern wird dieser Plan ausgehändigt, sie können ihre Arbeitszeit entsprechend einteilen. Sie sollten sich bei dem aufsichtführenden Lehrer anmelden, wenn sie experimentieren möchten, sodass dieser nicht unnötig anwesend ist.

Voraussetzung ist, dass sämtliche Versuche vorher mit all ihren möglichen Gefahrenquellen durchgesprochen wurden und den Schülern eine beschränkte persönliche Laborausstattung ausgehändigt wurde. Dies schafft Verantwortlichkeit gegenüber den Geräten

---

[6] aus: Rainer Wagner: „Facharbeit in der S II", Freie Hansestadt Hamburg, Amt für Schule, S. 13/33 (1997)

auf Seiten der Schüler und schränkt außerdem die Gefahrenquellen ein.

Des Weiteren sollten Erste-Hilfe-Maßnahmen am möglichen Unfallort erläutert und die Schüler mit den Standorten des entsprechenden Equipments im Raum vertraut gemacht werden. In jedem Fall ist es empfehlenswert, sich die Belehrung von den Schülern unterschreiben zu lassen.

Die Experimentier- und Sicherheitsrichtlinien sollte man mit den Schülern durchsprechen und evtl. eine unterschriebene Vereinbarung treffen.

Der Versicherungsschutz für Lehrkräfte ist in gleicher Weise gewährleistet. Bei Schulveranstaltungen sind bei ihnen Sachschäden in der Regel versichert, bei Schülern jedoch nicht.

Kosten

Eine weitere Problematik liegt in den eventuell (besonders bei experimentellen Arbeiten) entstehenden Kosten. Sofern sie die normalen Kosten der Verbrauchschemikalien in einer Sammlung übersteigen, müssen neue Wege zur Finanzierung beschritten werden. Es gibt eine Reihe von Stiftungen (z. B. Robert-Bosch-Stiftung), bei denen für spezielle Projekte Gelder beantragt werden können. Auch an Verbände, Parteien und anderweitige öffentliche Institutionen können Anfragen zur Unterstützung einzelner Facharbeiten gerichtet werden. Auf gar keinen Fall sollte man das örtliche Gewerbe und eventuell ansässige Industrieunternehmen vergessen. Sehr häufig wird in diesem Bereich ein Sponsoring für kleine und überschaubare Projekte,

wie die Betreuung und Unterstützung von Facharbeiten oder besonderen Lernleistungen, übernommen. Manch aufwändigere Experimente können eventuell in den örtlichen Betrieben durchgeführt werden und haben dann auch noch den Vorteil, dass die Schüler dabei einen kleinen Einblick in das außerschulische Berufsleben erhalten.

Bei Recherche-Arbeiten treten eventuell für den Einzelnen höhere Fahrtkosten auf. Auch hier gibt es die Möglichkeit, über einen schulinternen Aufruf einen Sponsoring-Fonds der Elternschaft aufzubauen. Soweit ein Förderverein vorhanden ist, kann dieser um finanzielle Hilfe gebeten werden. Die Betroffenen können begründete Anträge stellen, um damit einen Teil ihrer Ausgaben zu decken.

Bei all diesen Zuwendungen von außerhalb der Schule sollte nicht vergessen werden, sich am Ende der Arbeitsphase offiziell zu bedanken. Dies kann in Form der erwähnten Schlussveranstaltung (s. Kapitel 4.1) mit Einbezug der örtlichen Presse geschehen oder in einem kleineren Rahmen. Aber für zukünftige Unterstützungen ist es sehr wesentlich und ein Gebot der Höflichkeit, sich in irgendeiner Form erkenntlich zu zeigen.

Besonderheit bei Wortarbeiten

Es gibt wenige zusätzliche Probleme, die die reinen Wortarbeiten betreffen. Der Schutz des fremden geistigen Eigentums, d. h. die Beachtung der Regeln des Zitierens, ist eine Selbstverständlichkeit, die bei jeder Arbeit beachtet werden muss.

Bei auf journalistischer Recherche und Umfragen beruhenden Arbeiten müssen die Persönlichkeitsrechte von Personen oder Institutionen berücksichtigt werden. Dies fördert u. U. auch die Bereitschaft zur Kooperation.

5. Die schriftliche Arbeit

Dieses Kapitel soll in geraffter Form die Bedingungen, Notwendigkeiten und Regeln zur Erstellung einer (vor-) wissenschaftlichen Arbeit darlegen. Dabei wird kein Anspruch auf Vollständigkeit erhoben. Es gibt zu diesem Thema sehr ausführliche Literatur. Eine Auswahl findet sich in der Literaturliste. Außerdem gibt es eine CD-ROM, die alle Techniken bei der Erstellung einer (vor-) wissenschaftlichen Arbeit erklärt und Übungen enthält (s. Literatur Seite 112).

Es wird u. U. erforderlich sein, für die Schulbibliothek Bücher anzuschaffen, um Informations- und Übungsmaterial zum Nachschlagen zur Verfügung zu stellen. Sollte die Schulbücherei sehr klein sein oder unter akutem Geldmangel leiden, können eventuell mit der städtischen Bücherei Absprachen getroffen werden. Vielleicht ist diese sogar bereit, eine Sammlung mit Materialien zur „Erstellung von schriftlichen Arbeiten" für den Zeitraum der Arbeitserstellung einzurichten.

Man sollte eine Sammlung mit Büchern, CD-ROMs und Skripten zur Erstellung von schriftlichen Arbeiten in der Schulbücherei einrichten.

5.1 Aufbau einer schriftlichen Arbeit

Hier sollen kurz die wichtigsten Aspekte zum Aufbau einer schriftlichen Arbeit überblickartig zusammengestellt werden. Eine ausführlichere Übersicht findet man z. B. im Duden Taschenbuch „Wie verfasst man wissenschaftliche Arbeiten" (s. Literatur Seite 112) bzw. auf der CD-ROM.

Eine Facharbeit oder Dokumentation der besonderen Lernleistung hat in der Regel folgenden Aufbau:
– Titelblatt
– (evtl. Vorwort)
– Inhaltsverzeichnis
– Einleitung
– Hauptteil
  – Experimente oder Untersuchungen / Quellenanalyse
  – Auswertung
  – Bewertung / Zusammenfassung
– (evtl. Schlusswort)
– Anhang
– Literaturverzeichnis
– Versicherung zur selbstständigen Erarbeitung

Die Arbeit wird gebunden oder in einem Schnellhefter abgegeben. Ihre Länge kann je nach Thema stark variieren. Im Regelfall umfasst eine Arbeit zwischen 10 und 20 Seiten. Die einzelnen Bundesländer haben jedoch abweichende Regelungen. So schreibt z. B. Hamburg einen maximalen Umfang von 15 Seiten ohne Literaturverzeichnis und Anhang vor, wohingegen das Saarland 20 Seiten zulässt. Im Kapitel 2.2 sind die Vorschriften der einzelnen Bundesländer tabellarisch zusammengefasst. Einige Länder lassen auch eine handschriftliche Abfassung zu und erhöhen dementsprechend die maximale Seitenzahl. Die heutige Arbeitsweise in der Gesellschaft macht es jedoch notwendig und sinnvoll, die Arbeit am und mit dem Computer zu lernen. Schüler und leider vor allem Schülerinnen sollten eindringlich aufgefordert werden, ihre Arbeit am Computer anzufertigen. Im Studium und in der Berufswelt wird das Beherrschen eines Textverarbeitungsprogramms mittlerweile vorausgesetzt. Es sollte spätestens in der gymnasialen Oberstufe gelernt werden. In Kapitel 4.2 sind

Hinweise gegeben, wie man eine Gleichstellung möglichst aller Schüler beim Zugang zum PC erreichen kann.

Zu regeln ist auch die Schriftgröße, der Zeilenabstand, die Randbreiten und vieles andere mehr. Schulintern sollten all diese formalen Aspekte in einem „Handout" für die Schüler zusammengefasst werden.

Die Schüler sollten eine Zusammenstellung aller formalen Aspekte zur Erstellung der Arbeit erhalten.

Nachfolgend ist eine Zusammenstellung der wichtigsten abzusprechenden Parameter mit einigen üblichen Dimensionen aufgeführt (Musterseite für Schüler s. Anhang Seite 109):
– Papierformat: DIN A4, einseitig beschrieben;
– Zeilenabstand: 1,5-zeilig;
– Schriftgröße: 40 bis 60 Anschläge pro Zeile; das entspricht bei Computerschriften 11 bis 12 Punkt Zeichengröße;
– Randabstand: rechts: ca. 2 cm (als Korrekturrand breiter), links: ca. 4 cm. Der linke Rand muss breiter sein, da sonst die Seite in einem Schnellhefter nicht mehr komplett gesehen werden kann. Dies muss auch beim Titelblatt beachtet werden.

5.2 Die ersten Seiten

Das *Titelblatt* muss alle notwendigen formalen Daten enthalten und ist der Arbeit voranzustellen. Folgende Daten sind erforderlich:
– der Name des Schülers / der Schülerin,
– der Titel der Arbeit,
– das betroffene Unterrichtsfach,
– der Name der Schule,

– der Aus- und Abgabezeitpunkt,
– das Schuljahr.

Diese Informationen sollten optisch ansprechend dargestellt sein und können heute sehr einfach mithilfe des Computers erstellt werden (Vorschlag zur Titelseite s. Anhang Seite 105/106). Optisch attraktiver ist es, wenn dem Titelblatt ein *Deckblatt* vorangestellt wird, auf dem in Form eines Fotos oder einer Collage das Thema der Arbeit aufgenommen wird.

Ein *Vorwort* kann der eigentlichen Arbeit vorangestellt sein. Darin können Danksagungen an Firmen oder an Personen für Hilfen persönlicher, finanzieller oder technischer Art untergebracht werden. Persönliche Motivation, begrenzende Faktoren oder historische Zusammenhänge, die jedoch nicht Teil der eigentlichen Arbeit sind, gehören ebenfalls hierher. Das Vorwort wird aufgrund dieser persönlichen Hinwendung häufig unterschrieben.

Auf den nächsten Seiten folgt das *Inhaltsverzeichnis*. In ihm sind alle Kapitel und Unterkapitel aufzuführen und mit der entsprechenden Seitenzahl zu versehen. Die Nummerierung sämtlicher Seiten der Arbeit, auch des Anhangs, und deren Zuordnung im Inhaltsverzeichnis ist absolut notwendig. Das Inhaltsverzeichnis sollte übersichtlich sein und eine schnelle Orientierung ermöglichen, es spiegelt die Gliederung der Arbeit wieder. Im seltensten Fall ist es sinnvoll, ganze Sätze als Überschriften zu wählen. Von einer extremen Feingliederung ist ebenfalls abzusehen, da das Inhaltsverzeichnis dadurch sehr unübersichtlich wird. Anhand des Inhaltsverzeichnisses kann man die Arbeit erstmals einschätzen oder letztmals resümieren. Vor der Abgabe der Arbeit sollte deshalb die Einteilung und Gewichtung der Kapitel untereinander noch einmal überprüft werden. Gute

Leitfragen hierfür bietet der Aufsatz von VOL-KER TH. EGGELING „Checkliste für das Abfassen schriftlicher Hausarbeiten" in der Lernbox „Tipps und Anregungen zum Selberlernen", S. 16 aus dem Friedrich Jahresheft 1997. In den letzten Jahren setzt sich die numerische Klassifikation immer mehr durch. Diese ist übersichtlicher als die ebenso mögliche gemischte Klassifikation. Weitere Symbole sollten jedoch auf keinen Fall eingeführt werden, da dadurch die Übersichtlichkeit sehr stark abnimmt.

Numerische Klassifikation:

1. ....
   1.1 ....
   1.2 ....
      1.2.1 ....
      1.2.2 ....
   1.3 ....
2. ....
   2.1 ....
   2.2 ....
   usw.

Gemischte Klassifikation:

A. ....
   1. ....
   2. ....
      a) ....
      b) ....
B. ....
   1. ....
   2. ....
   3. ....
   usw.

Manche Bundesländer, z. B. Hamburg, wünschen eine kurze *Zusammenfassung* der Arbeit, wie bei wissenschaftlichen Zeitschriftenartikeln. Ein solches „Abstract" wird meist vor das Inhaltsverzeichnis gestellt.

Modellseiten für die formalen Abschnitte der Arbeit erleichtern den Schülern die Orientierung.

5.3 Die zentrale Arbeit

Abfolge und Zuordnung

Mit der Seitenzahl 1 beginnt die eigentliche Arbeit. Als erster Teil kommt die *Einleitung*. Sie soll den Leser in die eigentliche Arbeit einführen. Am Anfang steht eine Idee und es sind gewisse Vorstellungen von der zukünftigen Arbeit vorhanden. Wie diese dann wirklich aussieht, kann man jedoch erst am Ende sagen. Dies führt häufig dazu, dass die Einleitung erst am Ende als Letztes geschrieben wird. RENÉ THEISEN[7] gibt in seinem Buch folgende Hinweise für Inhalte der Einleitung:
„Im einleitenden Kapitel können Ausführungen zu folgenden Punkten vorgetragen werden:
– Rechtfertigung der Themenstellung,
– Vorstellung der Ziele der Arbeit bzw. Untersuchung,
– Abgrenzung des Themas und themenbezogene Definitionen,
– Geschichte und Stand der Forschung,
– Überblick über Aufbau und Argumentationsfolge."

Für eine Facharbeit bzw. besondere Lernleistung ist der Aspekt „Stand der Forschung" sicherlich nicht notwendig, da sie in der Schule angefertigt wird und einen Unterschied zu einer universitären Arbeit haben wird und haben soll. Die Schüler sollen keine wissenschaftliche Arbeit im eigentlichen Sin-

---

[7] THEISEN, RENÉ: ABC des wissenschaftlichen Arbeitens, Beck/dtv 5631, München 1993, S. 83

ne des Wortes erstellen, sondern eine Arbeit anfertigen, die nach wissenschaftlichen Methoden und Kriterien vorgeht, um diese zu erlernen und einzuüben.

Nach der Einleitung kommt der in verschiedene Kapitel untergliederte *Hauptteil*. Die in der Einleitung vorgestellten Arbeitsweisen und Hypothesen werden hier ausgeführt. Die Untergliederung ist häufig durch die Arbeit selbst vorgegeben. Für die Erstellung der Untergliederung des Hauptteils eignet sich die in Kapitel 4 beschriebene Methode des „Mind-mapping". Sie erlaubt die übersichtliche Planung einer logischen Struktur und erleichtert das Finden sinnvoller Überleitungen. Meist erfolgt als erstes eine Darstellung der theoretisch erarbeiteten Hintergründe. Daraus leiten sich z. B. eigene experimentelle Untersuchungen oder Analysen ab. Deren

Auswertung und Bewertung stellen den Abschluss dar. Wichtig ist es dabei, wissenschaftliche Methoden scharf auseinanderzuhalten. VOLKER EGGELING[8] führt folgende Fragen an: „Halte ich Fragestellung und Methode, bzw. These und Argument, Beschreibung und Wertung, Beispiel und Analyse, Daten und Interpretation etc. auseinander? – Beachte ich unterschiedliche Abstraktionsebenen und das Verhältnis von Ergebnis und Methode?" Diese Bereiche strikt voneinander zu trennen und klar kenntlich zu machen, zeigt die Qualität einer Arbeit. Da diese Trennungen im Schulalltag selten geübt werden, müssen die Schüler hierauf mehrfach und eindringlich hingewiesen werden.

Ergebnisse sind vorteilhaft in Tabellen oder Diagrammen darstellbar. Eine optische Umsetzung des Datenmaterials erspart seitenweise Erläuterungen und stellt die untersuchten Aspekte einleuchtend dar. Daten aus Tabellen sind grafisch in Säulen-, Balken-, Linien-, Flächen- oder Tortendiagramme umsetzbar (möglichst unter Verwendung von PC-Programmen).

Zur übersichtlichen Darstellung der Ergebnisse sollte man die Möglichkeit der grafischen Umsetzung des Datenmaterials mit den Schülern klären und ggf. die Voraussetzungen schaffen.

Eine *Zusammenfassung* und eine *persönliche Stellungnahme* zu der Arbeit können die zentralen Teile beschließen, sind jedoch nicht unbedingt notwendig. Sie fassen die

---

[8] EGGELING, VOLKER: Lernbox „Checkliste für das Abfassen schriftlicher Hausarbeiten", Friedrich-Jahresheft 1997, S. 16

wichtigsten Ergebnisse nochmals zusammen und wiederholen sie in prägnanten Worten. Die Gedankengänge der Einleitung können hier wieder aufgegriffen werden und die Arbeit damit wie eine Klammer umrahmen. Ein historischer Kontext oder ein Ausblick auf weitere interessante Fragestellungen erweitern den Inhalt der Arbeit. Dieser Teil soll jedoch niemals in eine persönliche Beurteilung des Wertes und Sinnes der Arbeit übergehen. Hinweise auf persönliche Umstände und Widrigkeiten und Danksagungen an Firmen, Bibliotheken o. ä. sind hier angebracht, wenn dies nicht schon im Vorwort geschehen ist.

Zitate, Zitierweisen und Anmerkungen

In sämtlichen wissenschaftlichen Arbeiten, so auch in der Facharbeit oder der Dokumentation der besonderen Lernleistung, ist es notwendig, korrekt und vollständig zu zitieren. Entscheidend ist es dabei, ein Maß zwischen zwei Extremen zu finden: einerseits nicht ein Zitat an das andere zu reihen, andererseits sehr wohl zu erkennen, dass fremdes Gedankengut verwendet wird und dieses geschützt werden muss.

Die Schüler müssen frühzeitig auf korrektes direktes und indirektes Zitieren hingewiesen werden, um ihnen aufwändige Nacharbeiten zu ersparen.

Prinzipiell gibt es zwei unterschiedliche Zitierweisen: direkte und indirekte Zitate. Direkte Zitate sind wörtlich wiedergegebene

Auszüge aus einem fremden Text, indirekte Zitate stellen fremdes Gedankengut in eigenen Worten dar. Direkte Zitate müssen nach THEISEN[9] „buchstaben- und zeichentreu erfolgen" und man muss sie in Anführungszeichen setzen. Der Nachweis des Zitates erfolgt in Form einer Fußnote oder durch Angabe der Quelle in Klammern am Zitatende. Indirekte Zitate stehen nach THEISEN „niemals in Anführungszeichen und werden durch einen Fußnotenvermerk im Text gekennzeichnet, die Fußnote selbst muss mit einem „vgl." (= vergleiche) oder „s." (= siehe) beginnen."

Anmerkungen sind prinzipiell Fußnoten. Neben den Zitaten können Definitionen oder weitere Literaturhinweise in Fußnoten erscheinen. Laut THEISEN gehört in eine Anmerkung eine wichtige Ergänzung, die zum Verständnis der Arbeit nicht notwendig, jedoch hilfreich ist (Anmerkungen zum Zitieren s. Anhang Seite 110).

5.4 Die letzten Seiten

Der *Anhang* gehört zu den verführerischsten Teilen bei seitenlimitierten Arbeiten. Hat man zu viel geschrieben und macht sich nicht die Mühe des Kürzens, kommen diese Aspekte kurzerhand in den Anhang. Dies ist jedoch nicht zulässig. R. THEISEN schreibt: „Inhaltlich darf in einem Anhang nur stehen, was nicht zwingend zum Text gehört. Der Text einer Arbeit darf nicht unter dem Begriff Anhang fortgesetzt werden." Der Anhang dient dazu, den Hauptteil übersichtlich zu halten. Er kann „für die Argumentation wichtige Materialien aufnehmen, wenn sie die Lesbarkeit des eigentlichen Textes behindern" (Duden[10]). In schulischen Arbeiten ist ein Anhang nicht

---

[9] THEISEN, M. R.: ABC des wissenschaftlichen Arbeitens. Beck/dtv, München 1993, S. 79
[10] POENICKE, K.: Duden „Die schriftliche Arbeit", Dudenverlag, 2. Auflage, München, 1989, S. 12

immer notwendig. Hierher gehören jedoch z. B. bei Befragungen die Fragebögen, statistisches Material, ethologische Beobachtungsbögen, Rechenbeispiele bei mathematischen und statistischen Auswertungen, Versuchsdaten, die nicht zentral wichtig sind, Anordnungen von Geräten, Schaltskizzen, evtl. Versuchsaufbauten, Landkarten, Lagepläne.

Große Sorgfalt sollte man bei der Zusammenstellung des *Literaturverzeichnisses* walten lassen. Wie schon im Kapitel 4.1 erwähnt, entsteht dieses während der Arbeit parallel zum Text. Es ist wesentlich, sich bei der Verwendung von Informationsmaterial immer sämtliche Angaben sofort zu notieren, am besten sie unverzüglich in den Computer einzugeben. Dies verhindert, dass man am Ende wichtige Angaben zur Literatur nicht mehr besitzt.

Am Anfang der Arbeitszeit sollten sich die Schüler als erstes ein schematisches Literaturverzeichnis anlegen, das allmählich mit der Arbeit wächst.

Das Literaturverzeichnis sollte nicht mehr als drei bis vier Unterpunkte aufweisen:
1. Bücher
2. Zeitungs- und Zeitschriftenaufsätze
3. sonstige Quellen, z. B. Broschüren etc.
4. Internetadressen

Die Punkte können je nach Umfang getrennt oder gemeinsam abgehandelt werden. Das Literaturverzeichnis ist grundsätzlich alphabetisch geordnet. Jede der Angaben muss folgende Daten enthalten:
– Zuname (Zunamen), Vorname (Vornamen) des Autors (der Autoren); bei Herausgebern zusätzlich der Hinweis „Hrsg.",

– keine akademischen Titel, Amtsbezeichnungen usw.,
– den vollständigen Titel des Buches,
– Nummer der Auflage, falls nicht 1. Auflage; ggf. Angaben zur Übersetzung oder der Originaltitel,
– Erscheinungsort,
– Verlag,
– Erscheinungsjahr.

Bei Zeitschriftenartikeln kommt zusätzlich der Zeitschriftentitel, die Nummer des Jahrganges (Bandes) sowie die Seitenzahl hinzu. Da das Zitieren und die Angabe von Quellen im Unterricht selten geübt werden, müssen die Schüler im Zusammenhang mit der schriftlichen Arbeit ausführlich damit vertraut gemacht werden. (Hinweise zu Bibliografie und Inhaltsverzeichnis befinden sich im Anhang auf Seite 110.)

Die folgende Seite ist für die *Erklärung* zur selbstständigen Abfassung des Schülers vorgesehen. Diese dient dem Urheberschutz und stellt außerdem ein wichtiges Erziehungselement dar. Dem Schüler wird hiermit deutlich gemacht, dass geistiges Eigentum und fremde Hilfestellungen wertgeschätzt werden müssen und erwähnenswert sind.

Der Text der Versicherung lautet: „Ich versichere, dass ich die Arbeit ohne fremde Hilfe angefertigt habe und nur die im Literaturverzeichnis angegebenen Quellen und Hilfsmittel benützt habe." Diese persönliche Erklärung des Schülers muss selbstverständlich unterschrieben sein (keine kopierte Unterschrift). Ein Muster zur Erklärung befindet sich im Anhang auf Seite 108.

6. Bewertung

Zur Bewertung der besonderen Lernleistung bzw. Facharbeit ist in den einschlägigen Richtlinien der Bundesländer einiges gesagt. Trotzdem sieht sich die Lehrerin oder der Lehrer hier in einem Maße allein gelassen, wie es sonst nicht üblich ist. Dies liegt in der Natur der Sache: Diese Arbeit unterscheidet sich von den sonst in der Schule üblichen gerade dadurch, dass sie individuell ist, d. h. es gibt keinen direkten Vergleich zu anderen Schülerleistungen. Bei jeder Klausur liegen die Bewertungskriterien offen. Die Arbeiten sind untereinander unmittelbar vergleichbar, das Kriterium der Gerechtigkeit innerhalb der Lerngruppe ist immer gewahrt. Hier jedoch ist jede Arbeit, wie ihre Bewertung, ein Unikat. An manche Lehrkraft, besonders wenn ihr diese Art der Schülerarbeit neu ist, mag diese Freiheit, die auch Unsicherheit bedeutet, eine hohe Anforderung stellen. Ansonsten verplant, geführt und eingeengt von Vorschriften, öffnet sich hier scheinbar ein großer Ermessensspielraum, sodass Manchen der „horror vacui" packt. Grenzenlos ist die

Freiheit natürlich nicht. Diese Freiheit sollte als Chance genutzt werden. Die Arbeiten sollten entsprechend den Erfordernissen und Möglichkeiten des jeweiligen Faches und der jeweiligen Bedingungen (Ausstattung der Schule, Vorkenntnisse und Fähigkeiten bei Schülern und Lehrern) kreativ gestaltet und vor diesem Hintergrund bewertet werden.

Diese geringe Festlegung der Bewertungskriterien wird auch in Zukunft bestehen bleiben – nicht nur wegen der Einzigartigkeit der Arbeiten, sondern auch wegen ihrer offenen Struktur und ihrer Unwägbarkeiten bzw. eingeschränkten Planbarkeit. Hier spielen wenig vorhersehbare Entwicklungen, die in der Person der Schülerin bzw. des Schülers oder auch des Betreuers liegen, eine Rolle, aber auch materielle „Zufälle": Literatur kommt nicht oder nicht rechtzeitig, Geräte sind nicht da oder fallen aus, Chemikalien sind verbraucht oder unbrauchbar, eine Überempfindlichkeit gegen ein notwendiges Reagenz tritt auf, Sterilkulturen verpilzen ständig, das

Jede Arbeit ein Unikat... dennoch muss die Bewertung vergleichbar sein!

Wetter macht eine Freilanduntersuchung zunichte und tausend andere Schicksalsschläge sind möglich. Manchmal kann man mit einer Änderung von Untersuchungsrichtung oder -schwerpunkt die Arbeit retten, oft gelingt dies jedoch nicht. Trotzdem muss sie bewertet werden. Dies ergibt dann eine individuelle, für diesen konkreten Fall sorgfältig abzuwägende Beurteilung, in die sowohl die Probleme als auch der Umgang mit ihnen eingehen. Doch auch solche Individualisierungen müssen den allgemeinen Kriterien gehorchen und eine Vergleichbarkeit mit den anderen Arbeiten der Schule erlauben.

Transparenz der Bewertungskriterien

Die Schüler müssen die Bewertungskriterien von Anfang an kennen. Dies ist besonders wichtig, weil die Bewertungsmaßstäbe für diese Arbeiten von denen der sonstigen Schülerleistungen abweichen. Dazu reicht eine mündliche Information nicht aus. Meist wird ein Formblatt mit den formalen Regeln, die für dieses Fach oder für diese Schule gelten, ausgeteilt. Erinnerung an und Auffrischung dieser Regeln und der geforderten Leistungen während der Durchführung bzw. bei der Abfassung der schriftlichen Arbeit sind dringend nötig. Man sollte den Schüler oder die Schülerin auch an konkreten Stellen auf die Einschätzung der Leistung hinweisen, z. B. dass die Sorgfalt und Umsicht bei der Planung und Auswertung von Experimenten wesentlich verbessert werden muss.

Der Katalog der Bewertungskriterien sollte zusammen mit den formalen Anweisungen zur Abfassung als Informationsblatt am Anfang ausgehändigt werden.

6.1 Grundsätze der Bewertung

Selbstverständlich gibt es auch für Facharbeiten und besondere Lernleistungen Bewertungsgrundlagen: Es gelten die für die gymnasiale Oberstufe üblichen Anforderungen. Daneben gibt es allgemeine und schulintern vereinbarte formale Maßstäbe. Grundsätzlich wird eine Leistung an den zu erreichenden Zielen gemessen. Die in Kapitel 1 dargestellten Ziele sind zum großen Teil in der „Lernzielhierarchie" so hoch angesiedelt oder so wenig eindeutig operationalisierbar, dass sie keinen unmittelbaren Bewertungsmaßstab liefern. In welchem Maße sie mit der konkreten Arbeit erreicht wurden, bleibt oft Ermessenssache. Zum Beispiel sind Selbstständigkeit oder Kritikfähigkeit so unbestimmt und unbestimmbar, dass man immer noch fordern könnte: „Aber dort hätte dies oder das noch ..." Dies liegt in der prinzipiell offenen Struktur der Arbeit begründet. Vielleicht hätte es noch bessere Literatur gegeben, vielleicht hätte man noch ein ganz anderes Experiment machen können – aber eine Facharbeit ist eben keine wissenschaftliche Arbeit, Zeit und Aufwand sind begrenzt.

Die beurteilende Lehrkraft sollte bedenken, dass nicht nur der Gegenstand der Arbeit dem Schüler oder der Schülerin unbekannt war, sondern auch teilweise die Methoden, sowie die Denk- und Vorgehensweisen. Gerade die Selbstständigkeit bei der Regulierung der Selbsttätigkeit ist ungewohnt. Während Schüler sonst den Stoff nur gut aufbereitet und in kleinen Häppchen „vorgekaut" bekommen, immer angeleitet, motiviert, geschoben, gefordert, gelobt, getadelt und verbessert werden, müssen sie dies alles jetzt selbst leisten.

Die Arbeit trägt je nach Bundesland in unterschiedlichem Maße, als besondere Lernleistung sogar erheblich, zur Abiturnote bei. In den Ländern, in denen sie nicht obligatorisch ist, lassen sich Schüler auf dieses Risiko ein und erhoffen sich neben einer guten Bewertung einen Erfahrungszuwachs. Ihr Risiko ist gering, da sie oft nach abgeschlossener Abiturprüfung entscheiden können, ob sie die Arbeit in die Abiturnote einbringen oder nicht.

Anders als bei Klausuren, bei denen nur das „Produkt" zählt, das abgegeben wird, gibt es bei der Facharbeit bzw. der besonderen Lernleistung weitere wichtige bewertungsrelevante Aspekte, z. B.:
– die Herangehensweise an das Thema und an die konkreten Tätigkeiten,
– der Umgang mit Problemen und die Kreativität bei ihrer Lösung,
– Durchhaltevermögen und (Selbst-) Motivationskraft,
– Sorgfalt bei der Planung und Durchführung von Experimenten,
– Genauigkeit beim Experimentieren.

Anforderungsbereiche der Einheitlichen Prüfungsanforderungen (EPA)

Die für die Bewertung von Oberstufenarbeiten von der Kultusministerkonferenz definierten einheitlichen Prüfungsanforderungen (EPA) fordern Leistungen in drei Anforderungsbereichen:

(I) die Reproduktion von im Unterricht gelerntem Wissen und Können,
(II) den Umgang mit diesem Gelernten in Form von Vergleichen, Bezügen, Umformungen und Anwenden auf ähnliche Beispiele,
(III) die Bearbeitung unbekannter Problemstellungen, wobei deren Struktur erst erkannt, Hypothesen zur Anwendung von gelerntem Wissen und Können gebildet, Lösungsstrategien entwickelt, durchgeführt und bewertet werden müssen.

Bei einer Facharbeit bzw. besonderen Lernleistung gibt es oft nur relativ wenig Reproduktion, dafür in sehr hohem Maße Transfer, Problemlösung und wertende Entscheidungen. Während bei der Abiturprüfung überwiegend im Bereich II geprüft wird, ist das Verhältnis bei Facharbeit und besonderer Lernleistung eindeutig zu den schwierigeren Bereichen hin verschoben. Dies betrifft vor allem die Analyse und Diskussion der Ergebnisse in der abgegebenen schriftlichen Arbeit. Diese erhöhten Anforderungen rechtfertigen auf der einen Seite das hervorgehobene Gewicht der besonderen Lernleistung im Abiturzeugnis, auf der anderen Seite muss bei der Notenfindung diese Verzerrung berücksichtigt werden. Das bedeutet, dass nicht nur geniale Ideengebäude, zwingende Logik und feurige Diskussion der Literaturergebnisse erwartet werden dürfen. Gehäufte Rechtschreibfehler, fehlende Seitenzahlen im Inhaltsverzeichnis und falscher Gebrauch der Fachsprache werden ebenfalls mitbewertet.

Grundlage für die Bewertung

In Kapitel 3 wurde immer wieder darauf hingewiesen, dass die genaue Formulierung des Themas, der Problemstellung, der methodischen Herangehensweise und vor allem die Weite und Enge der Themenstellung entscheidend sind. Wie bei jeder anderen schriftlichen Arbeit ist nämlich auch hier ein wichtiger Bewertungsmaßstab, inwieweit der Rahmen des Themas ausgefüllt wurde, ob die zentralen Inhalte und Probleme des Themas getroffen und wie weit die Forderungen der Problemstellung erfüllt sind. Spätestens jetzt rächt sich eine unterlassene Einengung des Themas oder die zu oberflächliche Analyse der Fragestellung. Für beide Parteien, Schüler und Lehrer, ist dies eine missliche Situation, weil nun keine Nachbesserung mehr möglich ist.

Selbstverständlich muss die Lehrkraft schon während der Bearbeitung den Schüler oder die Schülerin darauf hinweisen, dass das Thema noch nicht erfüllt oder zentrale Fragestellungen noch nicht angepackt oder gar nicht erkannt sind. Es ist sinnvoll, auch solche kritischen Anmerkungen während der Bearbeitungsphase, wie die Verabredungen bei der Themenfindung, zu protokollieren (s. Kapitel 4.1).

6.2 Vorgehensweise

Aus dem Gesagten geht hervor, dass die Bewertung einer besonderen Lernleistung oder Facharbeit nicht nur die Benotung des fertigen Produkts, der schriftlichen Arbeit, sein kann, sondern dass sie viele andere Aspekte einbeziehen kann und muss, vor allem, wenn man die hohen Ziele, die die Kultusminister an diese Arbeit stellen, ernst nimmt. Viele Ziele können sich oft in der schriftlichen Arbeit gar nicht direkt erkennbar niederschlagen. Die Lehrkräfte sollten also nicht der Schwäche verfallen und sich auf das vorliegende Produkt beschränken, weil es scheinbar objektiv zu bewerten ist, sondern auch die Durchführung der Arbeit, die Lern- und Reifungsprozesse mit einbeziehen.

6.2.1 Bewertung des Bearbeitungsprozesses

Wenn die Art und Weise der Bearbeitung des Themas, die Themenfindung, die Herangehensweise an die Aufgaben und ihre praktische Lösung, der Umgang mit auftretenden Schwierigkeiten und weitere Aspekte in die Bewertung einbezogen werden sollen, so müssen diese auch nachvollziehbar begründet werden. Das bedeutet, dass auch aus diesem Grunde die Lehrkraft den Fortgang der Arbeit, die Gespräche mit den Schülerinnen und Schülern protokollieren muss. Selbstverständlich müssen bei diesen Gesprächen Irrtümer und Irrwege korrigiert werden.

Die Forderung nach Selbstständigkeit der Schülerleistung heißt nicht, dass Hilfe nicht nötig wäre – aber Art und Menge der Hilfe, Häufigkeit und Schwere der Irrwege und Sackgassen werden bei der Bewertung der Schülerleistung berücksichtigt.

Bewertung der Eigenleistung

Ebenso soll man schon bei der Betreuung der Arbeit auf den Anteil der *Fremdhilfe* achten: Wie helfen Fachleute, wenn z. B. Teile der Arbeit mithilfe einer anderen Institution durchgeführt werden? Welcher Anteil wird aus Quellen, z. B. Internet, übernommen und wie groß ist der Anteil eigener geistiger Verarbeitung? Bei *Gemeinschaftsarbeiten* muss der Anteil der einzelnen Schülerinnen oder Schüler an der Gesamtleistung, ihr Engagement, ihre Arbeitsleistung, ihr soziales Verhalten beobachtet, hinterfragt und protokolliert werden.

6.2.2 Bewertung der schriftlichen Arbeit

Am entscheidendsten für die Bewertung ist immer die schriftliche Arbeit, die abgegeben wird. Hier haben Lehrer wie Schüler relativ sicheren Boden unter den Füßen, weil die Bewertungskriterien aus dem Unterricht bekannt oder auf einfache Weise erklärbar sind.

Katalog von Bewertungskriterien

Die Umformung der EPA-Anforderungsbereiche in operationalisierte Lernziele führt zu einem Katalog von Bewertungskriterien, der entweder von der Kultusbürokratie vorgegeben ist und auf Schul- oder Fachschaftsebene verfeinert oder assimiliert wird, oder der von der Fachkonferenz erstellt wird.

Grob einteilen kann man die Kriterien nach steigender Anforderung und Bedeutung in
- *Formales:* äußere Form und Gliederung der Arbeit, sprachliche Korrektheit und Verständlichkeit, sinnvoller Aufbau;
- *Darstellungsweise:* Gebrauch der Fachsprache, Verwendung fachspezifischer Darstellungsmethoden, Klarheit der Gedankenführung;
- *Durchdringung und Bewältigung des Themas:* Erfassen der Fragestellung, Planung der Vorgehensweise (Hypothesenbildung, Auswahl der Experimente und Methoden), Interpretation (kritische Distanz zu den eigenen Ergebnissen, Analyse, Fehlerbetrachtung, Einordnen in größere Zusammenhänge), Auswertung der Literatur, schlüssige Begründungen und logische Argumentation.

Der folgende ausführliche Katalog umfasst viele Punkte, die nicht für jede einzelne Arbeit zutreffen. Auch die Zuordnung der Kriterien zum einen oder anderen Bereich ist teilweise willkürlich. Sie hängt außerdem oft vom Thema ab.

A) Formales
- äußere Form, Übersichtlichkeit, gute Lesbarkeit des Schriftsatzes, Strukturierung (Überschriften und Hervorhebungen im Text), satztechnisch korrektes Einbringen von Seitenzahlen, Fußnoten und Zitaten;
- saubere Ausführung und sinnvolle Größe von Zeichnungen, Schemadarstellungen, Grafiken (Farben), Tabellen, Karten (Maßstab), Fotos und ihr ordentliches Einfügen in die Arbeit, Hinzufügen von Nummer, Titel, Beschriftung oder Abbildungslegende;

- Einhaltung der formalen Vorschriften (Literaturverzeichnis, Nummerierung usw.);
- Rechtschreibung, sprachliche Korrektheit und verständliche Ausdrucksweise;
- Angabe aller benützten Quellen, korrekte Zitierweise und Bibliografie;
- übersichtliche und sinnvolle Gliederung der Arbeit.

B) Darstellungsweise, methodische Durchführung
- Verständlichkeit der Darstellungsweise, klarer Satzbau, genaue Formulierungen, Vermeidung von Füllwörtern, unnötigen Wiederholungen und von Gedankensprüngen;
- korrektes und sinnvolles Verwenden der Fachsprache, dem Thema angemessenes sprachliches Abstraktionsniveau, logische Gedankengänge;
- Unterscheiden des Wichtigen vom weniger Wichtigen, Trennung von Fakten und Meinungen;
- verständliche und klare Veranschaulichungen, z. B. auf Fotos deutlich sichtbarer Versuchsaufbau mit dazu passender Schemaskizze und / oder Legende;
- sinnvoller Einsatz fachspezifischer Methoden in der Darstellung (Tabelle, Grafik, Modell), Anschaulichkeit der Darstellung, zweckmäßiger Einsatz von computergestützten Auswertungs- und Darstellungsmethoden;
- zweckmäßige Einbeziehung der Literatur und anderer Materialien zur Lösung der Fragestellung;
- angemessene Genauigkeit bei der Wiedergabe von Messwerten und ihrer Auswertung.

C) inhaltliche Bewältigung
- Erfassen der Problemstellung und ihre zielgerichtete Bearbeitung;
- dem Thema angemessenes Abstraktionsniveau bezüglich der Inhalte;

- sinnvolle Planung, in sich logische und nachvollziehbare Begründung der Vorgehensweise;
- Ordnen der Ergebnisse und ihre übersichtliche Darstellung;
- schlüssige Argumentationen bzw. Beweisführungen bei der Interpretation von Ergebnissen;
- kritische Distanz zu den eigenen Ergebnissen und Schlussfolgerungen, Fehlerbetrachtung, eventuell Einsatz statistischer Methoden, wertender Vergleich mit anderen eigenen Ergebnissen und mit den in der Literatur gefundenen;
- Einbeziehung von Anregungen aus der Literatur, von der betreuenden Lehrkraft oder weiterer Personen, kritische Distanz auch zu diesen Anregungen (Eigenständigkeit).

Bewertungsraster

Es empfiehlt sich, ein Bewertungsraster in Tabellenform anzulegen, in dem die einzelnen *Bewertungskriterien* und ihre Gewichtung übersichtlich dargestellt sind und in die die Lehrkraft dann bei der Beurteilung einer Arbeit jeweils Anmerkungen und die Teilnoten einträgt. Aus den gewichteten Teilnoten kann man dann die Gesamtnote ableiten. Dies dient nicht nur der eigenen Übersicht und der einfacheren Strukturierung dieser meist sehr komplexen Aufgabe, sondern auch zur Verdeutlichung einer Bewertung gegenüber dem Schüler oder der Schülerin. Ein Muster für ein Bewertungsraster befindet sich im Anhang auf Seite 111.

Sicherlich gibt es häufig Gründe, einer starren, schematischen „Errechnung" der Note noch weitere Bewertungsaspekte hinzuzufügen. Auch die Art der Arbeit bzw. ihrer Untersuchungsmethode bedingt oft eine andere Gewichtung der einzelnen Kriterien.

Die Erstellung eines fächerübergreifenden, flexiblen Bewertungsrasters ist für Schüler und Lehrer gleichermaßen hilfreich.

Die *Gewichtung* der einzelnen Bewertungskriterien ist aus guten Gründen in keinem Land festgeschrieben. Kommentatoren in verschiedenen Bundesländern schlagen als Gewichtung für die drei Bereiche Formales: Methodisches: Inhaltliches häufig $1:2:3$ (d. h. $1/6 : 2/6 : 3/6$), oder Modifizierungen, wie $1–1,5 : 2–2,5 : 2–3$, vor.

6.3 Kolloquium bzw. Abschlussgespräch

Das Kolloquium hat mehrere Funktionen: Vor allem soll es die Eigenleistung der Schülerin oder des Schülers überprüfen. Wenn der Verdacht auf massive Fremdbeteiligung (z. B. Hilfe durch Dritte, Abschreiben aus dem Internet) besteht, so ist hier die – dafür vorgesehene – Möglichkeit, dies zu erhärten oder auszuräumen. Das Kolloquium soll aber auch – und das ist kein Widerspruch zum eben Gesagten – Gelegenheit geben, die Arbeit in einer Gesamtschau darzustellen. Mit „Arbeit" ist hier nicht nur die abgegebene schriftliche Fassung, sondern auch der monatelange Bearbeitungsprozess gemeint. Hier sollen Unklarheiten in der schriftlichen Arbeit geklärt, Ergebnisse hinterfragt und Hypothesen schlüssig begründet werden.

Einige Länder erwähnen im Zusammenhang mit dem Kolloquium ausdrücklich eine benotete *Präsentation* der Arbeit. Damit ist gemeint, dass der Schüler oder die Schülerin die Arbeit nicht nur dem beurteilenden Fachlehrer, sondern auch dem Kurs oder der

Jahrgangsstufe vorstellt. Eine (schul-) öffentliche Präsentation in einer Veranstaltung, z. B. für Schülerinnen und Schüler anderer Jahrgänge, weitere Lehrkräfte, Eltern, eventuell sogar die Öffentlichkeit, ist wichtig und sollte üblich werden (s. Kapitel 4), jedoch nicht für die Bewertung entscheidend sein.

Durchführung und Bewertung des Kolloquiums

Nur wenige Bundesländer schreiben hierzu Genaues vor. In Hamburg ist das bewertende Gremium und die Vorgehensweise des „Facharbeitsausschusses" (3 Personen aus Schulleitung und Fachkollegium) genau geregelt. Hier empfiehlt ein Kommentator (WAGNER[11], S. 13 und S. 19) für das „Abschlussgespräch" eine Dauer von ca. 30 Minuten pro Schüler und als Gewichtung ein Viertel bis zu einem Drittel der Gesamtnote.

Selbstverständlich bestimmen Art und Dauer des Kolloquiums seinen Beitrag zur Gesamtnote. Auch dies sollte für die Schule oder die Fachschaft in Konferenzen festgelegt und den Schülern mitgeteilt werden.

Das Kolloquium bietet auch eine gute Gelegenheit, auf den Prozess der Arbeit einzugehen und die Lernschritte, Schwierigkeiten, Erfahrungen und Entwicklungen, die die Schülerinnen und Schüler hierbei machten, darzustellen, mit dem Ziel, sie in die Gesamtbewertung einzubeziehen.

Über das Kolloquium muss ein Protokoll angefertigt werden. Auch wenn dies oft nicht ausdrücklich vorgeschrieben ist, sollte es trotzdem selbstverständlich sein – wie bei allen für die Benotung relevanten Teilen.

6.4 Notenbekanntgabe und Gutachten

Nur selten ist exakt vorgeschrieben, wie und wann die Beurteilung festgestellt und mitgeteilt wird. In Hamburg heißt es im Kommentar, dass die Einzel- und Gesamtbewertungen unmittelbar nach dem Abschlussgespräch mitgeteilt werden (WAGNER, S. 13). Auch eine schulinterne Festlegung wird ähnliche Zeiträume vorsehen. Das bedeutet, dass das Kolloquium ähnlich den mündlichen Abiturprüfungen gehandhabt wird.

Die Konferenz muss ebenfalls diskutieren, ob und wann die korrigierten Exemplare den Schülerinnen und Schülern ausgehändigt werden bzw. Anmerkungen und Kritik an der Arbeit von den beurteilenden Lehrkräften den Schülern erläutert werden. (Dass mindestens ein Belegexemplar und die Bewertung in der Schule archiviert werden müssen, ist selbstverständlich.)

Darüber hinaus liefert die ausführliche Auseinandersetzung der Lehrkraft mit dem Prozess und dem Produkt der Arbeit der Schülerin und dem Schüler wichtige Argumente zur Selbst- und Fremdeinschätzung. Für die meisten Schüler und Schülerinnen besitzt die Beschäftigung mit „ihrem" Facharbeitsthema einen intensiveren und persönlicheren Charakter als Anforderungen aus dem normalen Unterricht. Die Bewertung, die ja auch individuelle und charakterliche Eigenschaften impliziert und eventuell benennt, kann für sie eine wichtige Orientierung sein.

In jedem Fall muss eine ausführliche schriftliche Beurteilung der Arbeit in Form eines Gutachtens den Schülern ausgehändigt und gegebenenfalls erläutert oder begründet

---

[11] WAGNER, R.: Facharbeit in der Sekundarstufe II, Amt für Schule, Hamburg 1997

werden. Die Begründung der Note muss aus dem Bezug auf die Bewertungskriterien ersichtlich und nachvollziehbar sein. Dieses Gutachten sollte so formuliert und abgefasst sein (z. B. mit dem Briefkopf der Schule), dass es bei einer späteren Bewerbung als Qualifikationsunterlage eingereicht werden kann. Heutzutage gewinnen (Schlüssel-) Qualifikationen gegenüber „guten Noten" an Bedeutung, und für die Einstellung neuer Kolleginnen oder Mitarbeiter spielen charakterliche und soziale Eigenschaften neben individuellen Schwerpunkten und Fähigkeiten eine wachsende Rolle. Die Kreativität beim Lösen von Problemstellungen, der Umgang mit Schwierigkeiten und Rückschlägen, Hartnäckigkeit, Sorgfalt, Fähigkeit zur Selbstkritik und Umgang mit Kritik: All dies sind im Leben entscheidende Eigenheiten, die nicht aus Zeugnisnoten ablesbar sind. Das Gutachten zur Facharbeit oder besonderen Lernleistung erhält deshalb eine weit über die Schulzeit hinausragende Bedeutung.

Feierlicher Abschluss

Angesichts dieser Aspekte, aber auch des enormen Arbeits- und Zeitaufwandes, den Schüler und Lehrer in die Facharbeiten bzw. besonderen Lernleistungen investieren, ist eine ritualisierte Form des Abschlusses der Arbeitsphase an vielen Schulen schon heute üblich.

Je nach Anzahl der Arbeiten lohnt sich eine eigene Feier zu diesem Anlass, man kann eine Präsentation der Arbeiten aber auch mit einer größeren schulischen Veranstaltung koppeln. Zusätzlich hat eine solche Feier auch Werbecharakter – auf jüngere Schülerinnen und Schüler, sich eine solche Arbeit vorzunehmen, ein besonders originelles Thema zu bearbeiten, eine möglichst gute Bewertung anzustreben, aber auch auf Eltern, die Öffentlichkeit (Schulidentität), sowie eventuell auch auf schon vorhandene und zukünftige Sponsoren.

Anhang

Länderübersicht:

Baden-Württemberg

Facharbeit

Hinweise des Kultusministeriums zur Durchführung der Facharbeit an Versuchsschulen
„Die Facharbeit ist eine vom Schüler selbstständig verfasste schriftliche Hausarbeit von etwa 10 bis 20 Seiten zu einem genau begrenzten Thema aus einem der beiden Leistungsfächer. Das Thema wird mit dem Leistungskurslehrer so abgestimmt, dass es den Anforderungen der gymnasialen Oberstufe entspricht und in einem Zeitraum von etwa einem halben Jahr sinnvoll bearbeitet werden kann. Die erforderlichen Materialien und Quellen sollen für den Schüler möglichst am Schulort verfügbar bzw. müssen ohne Schwierigkeiten beschaffbar sein. ...

Die Facharbeit wird als Alternative zur Ausgleichsregelung angeboten. Nach der Vereinbarung der Kultusministerkonferenz zur Neugestaltung der gymnasialen Oberstufe in der Sekundarstufe II vom 7.7.1972 in der Fassung vom 11.4.1988 können die in einer Facharbeit aus einem Leistungsfach erzielten Punkte mit doppelter Gewichtung in den Leistungskursblock der Gesamtqualifikation eingebracht werden. Wird die Facharbeit nicht in die Gesamtqualifikation eingebracht, so bleibt es bei der bisherigen Ausgleichsregelung, wonach die Punkte der beiden Leistungsfächer aus dem Halbjahr 13.2 in einfacher Wertung in den Leistungskursblock eingebracht werden.

1. Im Schulhalbjahr 12.1 gehen die Lehrer der Leistungskurse auf die Bedeutung, Zielsetzung und Gestaltung der Facharbeit in der Oberstufe ein.
2. Der Leistungskurslehrer gibt seinen Schülern bis zum Ende von Schulhalbjahr 12.1 eine Liste geeigneter Themen bekannt. In Absprache mit dem Fachlehrer können Schüler eigene Vorschläge einbringen. Qualifizierte Arbeiten von Teilnehmern an Wettbewerben können als Facharbeit angenommen werden, wenn sie den formalen Bedingungen der Facharbeit angepasst wurden und eine zur Facharbeit vergleichbare Bewertung erfolgen kann. Gruppenarbeiten sind möglich, wenn die Einzelleistungen deutlich erkennbar sind.
3. Eine Facharbeit in der Oberstufe ist keine universitäre Seminararbeit. Literaturhinweise durch den Lehrer müssen auf die Beschaffungsmöglichkeiten Rücksicht nehmen.
4. Der Umfang soll etwa 10 bis maximal 20 einseitig beschriebene DIN A 4-Blätter betragen, die auf beiden Seiten mit einem Rand versehen sind. Die Arbeit kann mit Maschine oder handschriftlich angefertigt werden.
   Ihre Bestandteile sind:
   - Deckblatt, das den Namen des Schülers und das Thema der Arbeit enthält
   - Versicherung über die selbstständige Anfertigung
   - Inhaltsverzeichnis
   - Textteil
   - Literaturverzeichnis
   - Anhang (Tabellen, Karten, ...)

5. Der Bearbeitungszeitraum beginnt am 1. Schultag des Schulhalbjahres 12.2 mit der Ausgabe des Themas an den Schüler. Er endet am 15. Oktober desselben Jahres.

6. Die Facharbeit wird vom Leistungskurslehrer betreut. Dazu erfolgen Beratungsgespräche, die dem Schüler die Sicherheit geben, dass er in der angestrebten Weise arbeitet. Der Lehrer kann sich dadurch nicht nur ein Bild vom Fortgang der Arbeit machen, sondern auch beurteilen, ob die Facharbeit selbstständig angefertigt wird. Gespräche unmittelbar nach der Ausgabe des Themas, nach der Erstellung der Gliederung und kurz vor Abschluss der Facharbeit werden empfohlen.

7. Bei der Korrektur und Bewertung der Facharbeit sind folgende Aspekte einzubeziehen:
   - Aufbau und Form, z. B. Gliederung und Gedankenführung, Gewichtung einzelner Gesichtspunkte, sinnvolle Strukturierung, sprachlich korrekte Form der Arbeit, richtiges Zitieren, ...
   - methodische Darstellung, z. B. Verwendung der Fachsprache, Einsatz verschiedener Darstellungsmöglichkeiten, exakte Präsentation der Sachverhalte, ...
   - inhaltliche Behandlung, z. B. richtiges Erfassen der Aufgabenstellung, korrekte Wahl der Lösungsmethode, Entwicklung einer Lösungsstrategie, Bewertung des Vorgehens, Formulierung der Ergebnisse, Stellungnahmen, Diskussion und Wertung, ...

   Die Kriterien zur Bewertung einer Facharbeit sind den Schülern vor Arbeitbeginn mitzuteilen.

8. Die vom Leistungskurslehrer bewertete Facharbeit wird bis zum Ende des Schulhalbjahres 13.1 zurückgegeben.

9. Nach Ausgabe des Zeugnisses für das Schulhalbjahr 13.2 entscheidet der Schüler, ob er die Note der Facharbeit in die Gesamtqualifikation einbeziehen lässt oder die Ausgleichsregelung in Anspruch nimmt, wobei in diesem Fall die erreichte Punktzahl im Abiturzeugnis geklammert wird.

Bei allen im Zusammenhang mit der Facharbeit stehenden inner- und außerschulischen Unternehmungen (Laborarbeit, Geländearbeit, Besorgungen in Bibliotheken, usw.) sind die Schüler gegen die Folgen eines Unfalls versichert. Voraussetzung ist, dass ein Auftrag des betreuenden Lehrers vorliegt, der inhaltlich, zeitlich und räumlich klar abgegrenzt ist."

Besondere Lernleistung

Besondere Lernleistung auf der gymnasialen Oberstufe an Gymnasien der Normalform und Aufbauform mit Heim (Einrichtungserlass) vom 13.03.98
„I. Besondere Lernleistung in Form eines Seminarkurses
Das Gymnasium bietet den Schuljahren 1998/99 bis 2000/2001 den Schülern gemäß den nachfolgenden Regelungen pro Schuljahr mindestens einen Seminarkurs an.

1. Bestandteile der Organisation
a) Angebot und Einrichtung
Der Seminarkurs wird als zweisemestriger Kurs angeboten. Er ist in den beiden Halbjahren der Jahrgangsstufe 12 in einem Umfang von je drei Unterrichtseinheiten pro Woche vorzusehen. ...

b) Dokumentation

Die Schüler des Seminarkurses fertigen einzeln oder in Gruppen bis zum Ende der Jahrgangsstufe 12 über ihre Beiträge zum Seminarkurs, über ihr methodisches Vorgehen und ihre Ergebnisse sowie über das Gesamtergebnis des Seminarkurses eine schriftliche Dokumentation an. Bei Gruppenarbeiten müssen die jeweils individuellen Schülerleistungen erkennbar sein. Zusätzlich kann die schriftliche Dokumentation durch Präsentation ergänzt werden.

c) Kolloquium

Der Seminarkurs wird am Ende der Jahrgangsstufe 12 mit einem Kolloquium abgeschlossen. Hierzu können auch Gruppen von Schülern gebildet werden. Gegenstand des Kolloquiums sind Verlauf und Ergebnisse des Seminarkurses. Dabei geht das Kolloquium von dem schriftlich dokumentierten Schülerbeitrag aus und bezieht seine Stellung innerhalb des Kurses mit ein. Das Kolloquium dauert pro Schüler etwa 20 bis 30 Minuten. Über das Kolloquium wird ein Protokoll geführt.

3. Beurteilung, Bewertung und Anrechnung der Leistungen im Seminarkurs
b) Bewertung

Die beiden halbjährigen Kurse, das Kolloquium und die Dokumentation, werden unabhängig voneinander bewertet; es sind je bis zu 15 Punkte, also insgesamt bis zu 60 Punkte erreichbar. Wenn mehrere Fachlehrer beteiligt sind, einigen sie sich jeweils auf die Punktzahl, die der Leistung des Schülers entspricht. Bei Arbeiten, an denen mehrere Schüler beteiligt waren, ist die Bewertung der individuellen Schülerleistung erforderlich.

c) Anrechnung im Rahmen der Gesamtqualifikation

Nach Kenntnisnahme aller Ergebnisse der Abiturprüfung einschließlich des Ergebnisses der mündlichen Prüfung im vierten Prüfungsfach entscheidet der Schüler unverzüglich, ob er die in dem Seminarkurs einschließlich des Kolloquiums und der Dokumentation erreichte Punktzahl in die Gesamtqualifikation einbringt."

Bayern

Facharbeit

Schulordnung für die Gymnasien in Bayern (GSO), 12. Auflage
§ 45.2: „In der Kursphase der Kollegstufe wird in einem der beiden Leistungskursfächer eine Facharbeit von klar abgegrenzter Themenstellung sowie angemessenem Schwierigkeitsgrad und Umfang verlangt. Das Thema der Facharbeit wählt der Schüler zu Beginn des Ausbildungsabschnitts 12/2 im Einvernehmen mit dem Kursleiter; dieser begleitet den Fortgang der Facharbeit durch Beobachtung und Beratung und achtet auf die selbstständige Anfertigung. Die Facharbeit muss spätestens zum Ende des Ausbildungsabschnitts 13/1 abgeliefert werden; die Schule kann in besonderen Fällen eine Fristverlängerung gewähren."

§ 45.3: „Über die Facharbeit findet eine 20-minütige Prüfung durch den Kursleiter statt. In dieser Prüfung stellt der Schüler Verfahren und Ergebnisse seiner Facharbeit dar, erläutert sie und antwortet auf Fragen."

„Der Umfang sollte 10 bis 20 Seiten betragen. Die Bewertung der Facharbeit geht mit höchstens 30 Punkten in die Maximalpunktsumme von 210 aus dem Bereich der Leistungskurse ein. Dies muss auch vor dem Hintergrund gesehen werden, dass die größtmögliche Gesamtqualifikation 840 Punkte beträgt: 210 Punkte aus den Leistungskursen einschließlich Facharbeit, 330 Punkte aus den Grundkursen, 300 Punkte aus der Abiturprüfung. Die erfolgreiche Anfertigung einer Facharbeit ist Voraussetzung für die Zulassung zum Abitur. Dazu muss sie termingerecht abgeliefert worden sein und mit mindestens 1 Punkt bewertet werden."

„Der Kursleiter ist verpflichtet, die Schülerinnen und Schüler bei der Erstellung der Facharbeit zu beraten und ihre Fortentwicklung zu beobachten."

Besondere Lernleistung

Besondere Lernleistungen sind zur Zeit in Bayern nicht vorgesehen.

Berlin

Facharbeit

Facharbeiten sind in Berlin nicht vorgesehen.

Besondere Lernleistung

Verordnung über die gymnasiale Oberstufe (VO-GO) vom 26.04.1984 (GVBl. S. 723, 1170), zuletzt gändert durch Verordnung vom 15.02.1999 (GVBl. S. 84)
§ 40 a : „(1) Die Schüler können eine besondere Lernleistung im Umfang bis zu 60 Punkten in den dritten Block der Gesamtqualifikation einbringen. Seminarkurse können mit Genehmigung der für das Schulwesen zuständigen Senatsverwaltung in der Regel in den ersten beiden Kurshalbjahren der Kursphase mit dem Ziel der Vorbereitung der Einbringung der besonderen Lernleistung eingerichtet werden.

(2) Die besondere Lernleistung kann erbracht werden
1. in Zusammenhang mit den Seminarkursen
2. als eine besondere Arbeit mit Bezug auf einen gewählten Kurs oder
3. im Rahmen der Teilnahme an einem Wettbewerb.
Sie besteht aus einer schriftlichen Hausarbeit – bei Wettbewerben der Wettbewerbsarbeit – und einem Kolloquium; die Leistungen in den Seminarkursen werden einbezogen.

(3) Es gelten folgende Rahmenbedingungen:

1. Seminarkurse sind einem in der gymnasialen Oberstufe unterichteten Fach zuzuordnen, Die inhaltliche und methodische Gestaltung soll fachübergreifendes und fächerverbindendes Lernen unter besonderer Berücksichtigung der individuellen Begabung und der außerhalb der Schule erworbenen Kompetenzen ermöglichen.

2. Die kursbezogene Arbeit ist vom Schüler im zweiten Kurshalbjahr zu beantragen; das jeweilige Thema wird von der für den Bezugskurs zuständigen Lehrkraft im Einvernehmen mit dem Schulleiter genehmigt. Die kursbezogene Arbeit muss im Arbeitsaufwand den Ergebnissen zweier Kurshalbjahre entsprechen und im wissenschaftspropädeutischen Charakter den üblichen Abituranforderungen vergleichbar sein; der Arbeitsweg ist zu dokumentieren.

3. Die Wettbewerbe, bei denen die Wettbewerbsarbeiten als besondere Lernleistung berücksichtigt werden können, werden von der für das Schulwesen zuständigen Senatsverwaltung festgelegt. Nummer 2 Satz 2 gilt entsprechend. Die Einbringung der Wettbewerbsleistung als besondere Lernleistung bedarf der Zustimmung des Schulleiters. Der Antrag muss spätestens zu Beginn des ersten Kurshalbjahres der Schulleitung vorliegen.

4. Der jeweilige Termin für die Abgabe der Arbeit wird vom Schulleiter, der Termin des Kolloquiums vom Vorsitzenden der Prüfungskommission festgelegt.

5. Das Kolloquium wird von einem Ausschuss durchgeführt, der vom Vorsitzenden der Prüfungskommission geleitet wird und dem mindestens zwei von ihm bestimmte Lehrkräfte für die Fächer angehören, denen die besondere Lernleistung zuzuordnen ist. § 22 gilt entsprechend.

6. Ein Rücktritt von der besonderen Lernleistung ist ohne Angabe von Gründen spätestens dann möglich, wenn die Gegenüberstellung der Ergebnisse der Abiturprüfung mit und ohne Berücksichtigung des Ergebnisses der besonderen Lernleistung ungünstiger ist als das andere Ergebnis. In diesem Fall bleiben alle Teilleistungen, auch die Leistungen in den Seminarkursen, unberücksichtigt.

7. Die im dritten Block der Gesamtqualifikation erreichbare Höchstpunktzahl bleibt unverändert. Abweichend von § 33 Abs. 2 Satz 3 werden die Leistungen in den vier Prüfungsfächern in der Prüfung selbst nur dreifach gewertet.

(4) Für die Ermittlung des Ergebnisses der besonderen Lernleistung gilt Folgendes:

1. Bei Teilnahme an Seminarkursen wird die besondere Lernleistung ermittelt aus den jeweiligen Ergebnissen der beiden Kurse, aus der schriftlichen Hausarbeit und dem Kolloquium bei jeweils einfacher Wertung.

2. Bei der kursbezogenen Arbeit wird das Ergebnis ermittelt aus der dreifachen Wertung der schriftlichen Hausarbeit und der einfachen Wertung des Kolloquiums.

3. Bei der Einbringung eines Wettbewerbsbeitrages wird das Ergebnis ermittelt aus der dreifachen Wertung der Wettbewerbsarbeit (Dokumentation) und der einfachen Wertung des Kolloquiums."

Brandenburg

Facharbeit

Gymnasiale-Oberstufe-Verordnung vom 30.06.1997 (GOSTV)
§ 15 (3): Aufgabe und Grundlage der Leistungsbeurteilung
„Die Form der in die Beurteilung einbezogenen Leistungen ist nicht beschränkt. Zu ihnen gehören als im Zusammenhang des laufenden Unterrichts erbrachte Leistungen, unter anderem Unterrichtsbeiträge, Streitgespräche, Diskussionleitungen, Referate, Kolloquien, praktische Übungen, Einbringen außerschulischer Erfahrungen, Gestaltung auswendig gelernter Texte, Hausaufgaben, Protokolle, Facharbeiten, praktisch-gestalterische Arbeiten, Problemlösungsaufgaben, Experimente, Partnerarbeit, Gruppenarbeit, Arbeit in Projekten.“

§ 16 (2): Beurteilungsbereiche
„Andere Leistungsnachweise können gleichgewichtig an die Stelle von Klausuren treten. Ein anderer Leistungsnachweis ist eine einzelne herausgehobene Leistung in einer Form gemäß § 15 Abs. 3 Satz 2 Nr. 1, die den Anforderungen einer Klausur vergleichbar ist. Bei vorwiegend praktischen und gestalterischen Leistungen muss der andere Leistungsnachweis auch ausreichende theoretische Anteile enthalten. Ein anderer Leistungsnachweis hat das Ziel, die Fähigkeit der Schülerinnen und Schüler zu fördern, ein selbst gewähltes Thema eigenständig zu bearbeiten. Er kann auch von Schülerinnen und Schülern gemeinsam erbracht werden, sofern ein individueller Anteil erkennbar ist und bei der Bewertung zusätzlich zum Gesamtergebnis berücksichtigt werden kann. Zu Beginn eines Schulhalbjahres können sich die Schülerinnen oder Schüler nach Beratung durch die Lehrkraft dafür entscheiden, eine Klausur durch einen anderen Leistungsnachweis zu ersetzen. Aufgabenstellung, erwartete Leistungen, Bearbeitungszeit und Maßstäbe für die Bewertung werden schriftlich festgelegt. Im Ausnahmefall kann die Bearbeitungszeit verlängert werden.“

Besondere Lernleistung

Es ist vorgesehen, ab dem Schuljahr 2000/2001 die Möglichkeit zu eröffnen, eine besondere Lernleistung im Sinne der Ziffer 9.3.10. der KMK-Vereinbarung zu erbringen. Die Vorschriften hierzu befinden sich noch in der Erarbeitung.

Bremen

Facharbeit

Die gymnasiale Oberstufe im Lande Bremen: Richtlinien über die gymnasiale Oberstufe vom 5. Mai 1998
7. Leistungsbewertung, schriftliche Arbeiten und Facharbeit
7.2: „... wobei eine der beiden Klausuren durch andere Formen schriftlicher Leistungsnachweise ersetzt werden kann."

7.6: „Die Schülerin oder der Schüler kann in einem Leistungsfach eine Facharbeit anfertigen und nach Nr. 14.1.2b) in die Gesamtqualifikation der Abiturprüfung einbringen. Die Facharbeit kann frühestens im zweiten Halbjahr der Qualifikationsphase begonnen werden. Als Arbeitszeit stehen ab der Festsetzung des Themas sechs Monate zur Verfügung. Bei Arbeiten, die umfangreiche eigene Datenerhebungen oder Experimente beinhalten, kann sie um einen Monat verlängert werden."

14.26: „In Block II werden eingebracht: entweder die zwei Leistungskurse aus dem letzten Halbjahr der Qualifikationsphase in einfacher Wertung oder ggf. das Ergebnis einer Facharbeit in zweifacher Wertung. Über die Anrechnung einer Facharbeit entscheidet die Schülerin oder der Schüler."

Besondere Lernleistung

11. Die besondere Lernleistung
11.1: „Die besondere Lernleistung entsteht in fachlichem Bezug oder sie ist ein umfassender Beitrag aus einem von Ländern geförderten Wettbewerb. Die besondere Lernleistung kann in den Block III der Gesamtqualifikation eingebracht werden. Ergänzt wird die besondere Lernleistung durch ein Kolloquium."

Hamburg

Facharbeit

Ausbildungs- und Prüfungsordnung der gymnasialen Oberstufe (APOgyO) vom 22.10.1997
§ 12 Abs. 3a: „Die Schülerinnen und Schüler können in einem ihrer Leistungsfächer eine Facharbeit anfertigen, in der sie unter Verwendung der fachspezifischen Arbeitsmethoden ein klar umrissenes Thema selbstständig bearbeiten und darstellen. Die Facharbeit muss sich thematisch auf die Inhalte des Leistungsfachs beziehen; ihr Gegenstand kann fachübergreifend angelegt sein und ist mit der Fachlehrkraft abzustimmen. Die Facharbeit wird in der Regel im zweiten oder dritten Studienhalbjahr angefertigt und in einem Abschlussgespräch vor-

gestellt und erörtert. Bis zu drei Schülerinnen und Schüler können gemeinsam eine Facharbeit anfertigen, wenn das Thema in abgrenzbare Einzelleistungen untergliedert werden kann. Für die Bewertung der Facharbeit wird ein Facharbeitsausschuss gebildet, dem als vorsitzendes Mitglied die Schulleiterin oder der Schulleiter, die stellvertretende Schulleiterin oder der stellvertretende Schulleiter, die Abteilungsleiterin oder der Abteilungsleiter oder die Koordinatorin oder der Koordinator angehören sowie als beisitzende Mitglieder die Fachlehrkraft und eine weitere vom vorsitzenden Mitglied zu bestimmende fachkundige Lehrkraft. Die Facharbeit wird jeweils von den beisitzenden Mitgliedern bewertet. Das Abschlussgespräch wird vom Facharbeitsausschuss durchgeführt; über das Abschlussgespräch ist eine Niederschrift zu führen. Der Facharbeitsausschuss setzt die Gesamtnote und die entsprechende Gesamtpunktzahl für die in der Facharbeit und im Abschlussgespräch erbrachten Leistungen fest. Der Facharbeitsausschuss entscheidet mit Stimmenmehrheit. Die Gesamtnote bleibt bei der Festsetzung der Note für den Leistungskurs unberücksichtigt; sie kann gemäß § 37 Absatz 3 in die Gesamtqualifikation eingebracht werden."

§ 37 Abs. 3: „Hat die Schülerin oder der Schüler eine Facharbeit angefertigt, wird die zweifache Wertung der Gesamtpunktzahl der Facharbeit anstelle der Punktzahlen der beiden Leistungskurse des vierten Halbjahres eingebracht, wenn die dadurch erreichte Punktzahl höher ist als die Summe der in den beiden Leistungskursen erreichten Punktzahlen. Die Punktzahlen aller eingebrachten Leistungskurse sowie gegebenenfalls der Facharbeit werden addiert, sodass im zweiten Teil der Gesamtqualifikation eine Gesamtpunktzahl von höchtens 210 Punkten erreichbar ist."

Ausführungsvorschriften zu § 12 Abs. 3a:
„Die Facharbeit muss eine Inhaltsübersicht, ein vollständiges Verzeichnis der benutzten Literatur und Hilfsmittel (z. B. Software-Programme, Informationen aus dem Internet), die Angabe des Leistungsfaches und des Themas enthalten. Die Schülerin oder der Schüler fügt auf einem gesonderten Blatt die von ihr oder ihm unterschriebene Versicherung bei, dass sie oder er die Arbeit ohne fremde Hilfe angefertigt und sich keiner anderen als der angegebenen Hilfsmittel bedient hat.

Die Facharbeit sollte in der Regel 10 bis 20 Textseiten einschließlich Inhaltsverzeichnis, Anmerkungen und Literaturverzeichnis umfassen. Gruppenarbeiten sollten entsprechend umfangreicher sein. Die Facharbeit ist innerhalb eines halben Jahres fertigzustellen, in der Regel im 2. oder 3. Halbjahr der Studienstufe. Sie kann auch zeitlich übergreifend während des 2. und 3. Halbjahres oder während des 3. und 4. Halbjahres angefertigt und spätestens zwei Wochen vor der Halbjahreskonferenz abgegeben werden. Verspätet abgegebene Facharbeiten werden nicht gewertet.

Die Note für die Facharbeit wird vom Facharbeitsausschuss festgelegt und der Schülerin oder dem Schüler spätestens eine Woche für dem Abschlussgespräch mitgeteilt. Lautet die Note ungenügend, wird ein Abschlussgespräch nicht durchgeführt und die Facharbeit insgesamt nicht gewertet.

Mit der Bekanntgabe des Termins für das Abschlussgespräch ist die Schülerin oder der Schüler auf die Bestimmungen der APOgyO in Bezug auf die Folgen eines Versäumnisses (§ 32), von Pflichtwidrigkeiten (§ 33) und die Beanstandungspflicht beim Abschlussgespräch hinzuweisen. Der Hinweis ist zu protokollieren.

Das Abschlussgespräch umfasst je Schülerin oder Schüler etwa 30 Minuten, bei Gruppenprüfungen je Schülerin oder Schüler etwa 20 Minuten. Es wird vom vorsitzenden Mitglied des Facharbeitsausschusses geleitet. Das Abschlussgespräch wird vorwiegend von der Leistungskurslehrerin bzw. dem Leistungskurslehrer geführt; die anderen Mitglieder des Facharbeitsausschusses können Fragen stellen. Im Abschlussgespräch präsentiert die Schülerin bzw. der Schüler die Arbeit und die zugrunde liegenden Reflexionsprozesse, damit sowohl das Maß an eigenständiger Aneignung von Kenntnissen, Methoden und Fertigkeiten als auch deren eigenständige Anwendung erkennbar und bewertbar werden. Planung, Durchführung und Präsentation der Facharbeit sind unterschiedliche Bereiche, die bei der Bewertung der Leistung im Abschlussgespräch angemessen zu berücksichtigen sind."

Besondere Lernleistung

Ausbildungs- und Prüfungsordnung der gymnasialen Oberstufe (APOgyO) vom 22.10.1997 § 12, Abs. 3b: „Die Schülerinnen und Schüler können eine besondere Lernleistung erbringen. Als besondere Lernleistung gilt eine Arbeit, in der die Schülerin oder der Schüler eine Aufgabenstellung selbstständig konzipiert, bearbeitet, reflektiert und dokumentiert. Die besondere Lernleistung wird in der Studienstufe im Rahmen zweier aufeinander folgender Kurse mit fachlichem Bezug zu dem von der Schülerin oder dem Schüler gewählten Thema erbracht. Sie kann auch im Rahmen eines zwei Halbjahre umfassenden Begleitkurses erbracht werden; die Teilnahme an diesem Kurs wird auf den Gesamtumfang der nach § 10 Absatz 1 Satz 1 zu belegenden Kurse angerechnet. Der Gegenstand der besonderen Lernleistung ist mit der Fachlehrkraft abzustimmen. Die besondere Lernleistung ist schriftlich zu dokumentieren und in einem Kolloquium vorzustellen und zu erörtern. In der Regel bis zu drei Schülerinnen und Schüler können gemeinsam eine besondere Lernleistung erbringen, wenn eine getrennte Bewertung der individuellen Leistungen möglich ist und jede Einzelleistung den Anforderungen an eine besondere Lernleistung entspricht. Für die Bewertung der besonderen Lernleistung wird ein Bewertungsausschuss gebildet, der aus drei Mitgliedern besteht. ...

Die Gesamtbewertung der besonderen Lernleistung ergibt sich aus der Einzelbewertung der in der schriftlichen Dokumentation und im Kolloquium sowie gegebenenfalls in einem Produkt erbrachten Leistungen. ...

Die Gesamtnote kann gemäß § 37 Absatz 4a in die Gesamtqualifikation eingebracht werden. Voraussetzung für die Einbringung ist, dass die besondere Lernleistung oder wesentliche Bestandteile noch nicht anderweitig im Rahmen der Schule angerechnet wurden."

Hessen

Facharbeit

Facharbeiten sind in Hessen nicht vorgesehen.

Besondere Lernleistung

Verordnung für die Bildungsgänge und die Abiturprüfung in der gymnasialen Oberstufe und den beruflichen Gymnasien vom 19.09.1998, Amtsblatt 11/98, S. 734 ff.

§ 23: Besondere Lernleistung: „(1) Schülerinnen und Schüler können wahlweise eine besondere Lernleistung in die Abiturprüfung einbringen, die im Rahmen oder Umfang eines Kurses von mindestens zwei Halbjahren erbracht wurde. Dieses kann zum Beispiel sein: ein umfassender Beitrag aus einem vom Land geförderten Wettbewerb, eine Jahresarbeit, die Ergebnisse eines umfassenden, auch fachübergreifenden Projekts oder Praktikums in Bereichen, die schulischen Referenzfächern zugeordnet werden können. Die besondere Lernleistung ist schriftlich zu dokumentieren. Voraussetzung für die Einbringung ist, dass die besondere Lernleistung oder wesentliche Bestandteile noch nicht anderweitig angerechnet wurden.

(2) Wer eine besondere Lernleistung nach Abs. 1 erbringen will, beantragt dies spätestens zu Beginn der Jahrgangsstufe 13 bei der Schulleiterin oder dem Schulleiter mit Angabe der betreuenden Lehrkraft nach deren Zustimmung. Die Vorlage der schriftlichen Ausarbeitung ist spätestens vor Beginn der Osterferien im Prüfungshalbjahr vorzulegen.

(3) Die betreuende Lehrerin oder der betreuende Lehrer nach Abs. 2 und eine weitere Lehrkraft, die von der Schulleiterin oder dem Schulleiter bestimmt wird, bewerten und beurteilen die schriftliche Ausarbeitung. In einem Kolloquium stellt die Schülerin oder der Schüler die Ergebnisse der besonderen Lernleistung dar, erläutert sie und antwortet auf Fragen. Dieses Kolloquium von 20- bis 30-minütiger Dauer wird von den beiden Lehrkräften nach Satz 1 und der zuständigen Fachbereichsleiterin oder dem Fachbereichsleiter der gymnasialen Oberstufe oder der zuständigen Abteilungsleiterin oder dem zuständigen Abteilungsleiter des beruflichen Gymnasiums oder einer fachkundigen Lehrkraft, die von der Schulleiterin oder dem Schulleiter benannt wird, durchgeführt. Die drei Lehrkräfte legen die Gesamtbewertung fest. Können sie sich nicht auf eine Beurteilung einigen, wird das arithmetische Mittel aus den Einzelbewertungen gebildet und auf eine ganze Punktzahl gerundet. Über Verlauf und Ergebnis des Kolloquiums, das in der Regel spätestens acht Wochen nach Abgabe der schriftlichen Ausarbeitung durchgeführt wird, sowie über das Ergebnis der Gesamtbewertung fertigt die weitere Lehrkraft nach Satz 1 ein Protokoll an. Es wird von den in Satz 3 genannten Lehrkräften unterschrieben. Bei Arbeiten, an denen mehrere Schülerinnen und Schüler beteiligt waren, ist die Bewertung der individuellen Schülerleistung erforderlich. Die besondere Lernleistung wird nach § 26 Abs. 7 angerechnet.

(4) Zu dem Kolloquium nach Abs. 3 Satz 2 können durch die Schulleiterin oder den Schulleiter Gäste eingeladen werden. Diese können mit Ausnahme von Lehrkräften und Schulaufsichtsbeamten nicht an der anschließenden Beratung über das Gesamtergebnis teilnehmen."

§ 26: Berechnung der Gesamtqualifikation: „(7) Bei der Einbringung einer besonderen Lernleistung (§ 23) werden abweichend von Abs. 6 Nr. 1 die in jedem der vier Prüfungsfächer im Prüfungshalbjahr erzielten Ergebnisse einfach (maximal erreichbare Punktzahl jeweils 15), die in der Abiturprüfung erreichten Leistungen jeweils dreifach (maximal erreichbare Punktzahl jeweils 45) und das Ergebnis der besonderen Lernleistung vierfach (maximal erreichbare Punktzahl 60) gewertet. In zwei Prüfungsfächern, davon mindestens in einem Leistungsfach, müssen jeweils mindestens 20 Punkte (maximal erreichbare Punktzahl jeweils 60) erreicht werden. Abs. 6 Nr. 2 bleibt unberührt."

Mecklenburg-Vorpommern

Facharbeit

Arbeits- und Prüfungsverordnung gymnasiale Oberstufe (APVO-GO M-V), Mitteilungsblatt des Ministeriums für Bildung, Wissenschaft und Kultur Mecklenburg-Vorpommern, Nr. 2/1999, S. 105
§ 8: Leistungsnachweise: „(1) Die Mitarbeit im Unterricht besteht in mündlichen (z. B. Beteiligung am Unterrichtsgespräch, Referate) und schriftlichen Beiträgen (z. B. kurze Texte von weniger als einer halben Unterrichtsstunde Dauer, Datensammlungen, Protokolle, Facharbeiten) sowie in experimentellen, gestalterischen und praktischen Leistungen, die im Unterricht oder als Hausarbeiten erbracht werden."

Besondere Lernleistung

Arbeits- und Prüfungsverordnung gymnasiale Oberstufe (APVO-GO M-V), Mitteilungsblatt des Ministeriums für Bildung, Wissenschaft und Kultur Mecklenburg-Vorpommern, Nr. 2/1999, S. 112 f.
§ 34: „(1) Die besondere Lernleistung ist schriftlich zu dokumentieren. Für die Korrektur und Bewertung der schriftlichen Dokumentation gilt § 26 Abs. 12 und 13 entsprechend.

(2) Die Festlegung von Thema, Gegenstand und Umfang der schriftlichen Dokumentationen erfolgt im Einvernehmen zwischen Schüler und Lehrer, der die besondere Lernleistung mit einem Projektkurs begleitet. Die fertige Dokumentation ist spätestens am letzten Unterrichtstag vor der schriftlichen Abiturprüfung beim Schulleiter abzugeben. Dabei hat der Schüler durch Unterschrift am Ende der Arbeit zu versichern, dass er diese selbstständig angefertigt, keine anderen als die angegebenen Hilfsmittel benutzt und Quellenangaben kenntlich gemacht hat.

(3) Auch bei Gemeinschaftsarbeiten hat jeder Schüler eine eigene schriftliche Dokumentation zu erstellen."

§ 35 (4): „Im Block III werden eingebracht

2. Mit einer besonderen Lernleistung nach § 19 Abs. 6 jeweils ein Kurs der vier Prüfungsfächer aus dem vierten Kurshalbjahr in einfacher Wertung, die Prüfungsleistungen in den vier Prüfungsfächern in dreifacher Wertung und das Ergebnis der besonderen Lernleistung nach § 34 Abs. 5 in vierfacher Wertung; insgesamt müssen mindestens 100 Punkte und in mindestens zwei Prüfungsfächern, darunter mindestens in einem Leistungskursfach, jeweils mindestens 20 Punkte erreicht worden sein. Wird ein Schüler in einem Prüfungsfach schriftlich und mündlich geprüft, so ist die Punktzahl nach Anlage 3 zu ermitteln."

Niedersachsen

Facharbeit

Verordnung über die gymnasiale Oberstufe: VO-GOF
§ 7: „(3) Die Leistungen in den Klausuren und in der selbstständigen wissenschaftspropädeutischen Arbeit (Facharbeit) sowie die Beurteilung der Mitarbeit im Unterricht werden entsprechend den Unterrichtszielen und unter Berücksichtigung der Leistungsentwicklung der Schülerin oder des Schülers in einer Bewertung zusammengefasst."

Ergänzende Bestimmungen (EB-VO-GOF), zu § 10
10.13: „Im ersten bis dritten Kurshalbjahr werden in Leistungskursen jeweils zwei Klausuren geschrieben; im ersten oder zweiten Kurshalbjahr tritt an die Stelle der Klausuren in einem Leistungsfach eine Facharbeit nach Nr. 10.16. Die Schule legt fest, im welchem Kurshalbjahr und in welchem Leistungsfach die Facharbeit geschrieben wird. Die Entscheidung der Schule ist den Schülerinnen und Schülern vor Eintritt in die Kursstufe mitzuteilen."

10.16: „Die Facharbeit gibt den Schülerinnen und Schülern exemplarisch Gelegenheit zur vertieften selbstständigen wissenschaftspropädeutischen Arbeit. Sie bezieht sich auf den Unterrichtsgegenstand des Kurshalbjahres und soll den Rahmen von 15 Textseiten in Maschinenschrift nicht überschreiten. Die Schülerin oder der Schüler hat durch Unterschrift am Ende der Facharbeit zu versichern, dass sie oder er diese selbstständig angefertigt, keine anderen als die angegebenen Hilfsmittel benutzt und die Stellen der Facharbeit, die im Wortlaut oder im wesentlichen Inhalt anderen Werken entnommen wurden, mit genauer Quellenangabe kenntlich gemacht hat. Die Facharbeit kann als Einzel- oder Gruppenarbeit angefertigt werden, wobei im Falle der Gruppenarbeit die Einzelleistung der Schülerin oder des Schülers klar ersichtlich sein muss. Das Thema der Facharbeit wird von der Kursleiterin oder dem Kursleiter gestellt; sie wird von ihr oder vom ihm bewertet und tritt an die Stelle der Klausuren in der Gesamtbewertung der schriftlichen Schülerleistung in dem Kurshalbjahr."

Weitere Regelungen stehen in den jeweils geltenden Rahmenrichtlinien für den Sekundarbereich II, Gestaltungsvorschläge im nicht amtlichen Teil des Schulverwaltungsblattes Niedersachsen, Heft 1/98.

Besondere Lernleistung

Besondere Lernleistung in der Abiturprüfung (AVO-GOFAK)

§ 11: „(1) Die besondere Lernleistung ist schriftlich zu dokumentieren. Für die Korrektur und Bewertung der schriftlichen Dokumentation gilt § 9 Abs. 2 entsprechend.

(2) Die mündliche Prüfung wird als Kolloquium auf der Grundlage der schriftlichen Dokumentation abgehalten. Das Kolloquium ist eine Gruppenprüfung, sofern mehrere Schülerinnen oder Schüler an der schriftlichen Dokumentation beteiligt waren.

(3) Für die Leistungen der Schülerin oder des Schülers in der schriftlichen Dokumentation und im Kolloquium setzt der Fachprüfungsausschuss eine Gesamtnote fest.“

10.17: „Für die besondere Lernleistung in der Abiturprüfung gelten die Bestimmungen nach § 11 der „Verordnung über die Abschlüsse in der gymnasialen Oberstufe, im Fachgymnasium, im Abendgymnasium und im Kolleg“ (AVO, GOFAK) und Nr. 10 der „Ergänzenden Bestimmungen zur Verordnung über die Abschlüsse in der gymnasialen Oberstufe, im Fachgymnasium, im Abendgymnasium und im Kolleg“ (EB-AVO-GOFAK).“

Nordrhein-Westfalen

Facharbeit

Verordnung zur Neufassung der Verordnung über den Bildungsgang und die Abiturprüfung in der gymnasialen Oberstufe und zur Änderung der Kooperationsverordnung vom 5.10.1998 (BV. NW. S. 594)
§ 14: Beurteilungsbereich „Klausuren“: „(3) In der Jahrgangsstufe 12 wird nach Festlegung durch die Schule eine Klausur durch eine Facharbeit ersetzt.“
14.3 zu Abs. 3: „Über das Verfahren entscheidet die Lehrerkonferenz. Bei einer fachübergreifenden Themenstellung ist vor Anfertigung zu korrigieren und zu benoten, zurückzugeben und zu besprechen. Auf Facharbeiten findet die Drittelregelung keine Anwendung.“

§ 15: Beurteilungsbereich „Sonstige Mitarbeit“: „(1) Zum Beurteilungsbereich „Sonstige Mitarbeit“ gehören alle im Zusammenhang mit dem Unterricht erbrachten schriftlichen, mündlichen und praktischen Leistungen mit Ausnahme der Klausuren und der Facharbeit gemäß § 14 Abs. 3.“

Weitere Hinweise findet man z. B. in: Sekundarstufe II, Gymnasium / Gesamtschule, Richtlinien und Lehrpläne Biologie, Ministerium für Schule und Weiterbildung, Wissenschaft und Forschung des Landes Nordrhein-Westfalen, 8/99, S. 67 f.
„Wissenschaftspropädeutisches Lernen zielt darauf ab, die Schülerinnen und Schüler mit den Prinzipien und Formen selbstständigen Lernens vertraut zu machen. Facharbeiten sind hierzu

besonders geeignet. Jede Schülerin bzw. jeder Schüler soll im Verlauf der Schullaufbahn eine Facharbeit anfertigen.

Facharbeiten ersetzen in der Jahrgangsstufe 12 nach Festlegung durch die Schule je eine Klausur für den ganzen Kurs oder für einzelne Schülerinnen und Schüler. Eine Facharbeit hat den Schwierigkeitsgrad einer Klausur; sie soll einen Schriftumfang von 8 bis 12 Seiten (Maschinenschrift) nicht überschreiten. Weitere gleichartige Arbeiten gehören zum Beurteilungsbereich „Sonstige Mitarbeit".

Die methodischen Anforderungen an eine Facharbeit sind im Unterricht vorzubereiten. Unter Umständen ist es zweckmäßig, wenn diese Aufgabe nach Absprache in der Schule vom Fach Deutsch übernommen wird. Weitere Festlegungen sind in der Fachkonferenz abzustimmen (vgl. Kapitel 6).

Im Fach Biologie umfasst eine Facharbeit typischerweise eine Untersuchung. Literaturarbeiten sollten nur dann Gegenstand der Aufgabenstellung sein, wenn ein praktischer Ansatz auf der Basis eigenständiger Datenerhebung und von Experimenten nicht realisiert werden kann.

Die erforderlichen Kenntnisse und Fähigkeiten zur Bewältigung der mit Facharbeiten verbundenen Aufgaben erwerben alle Schülerinnen und Schüler im Unterricht.

Bei Problemstellungen, die arbeitsteilig von Schülergruppen bearbeitet werden, ist sicherzustellen, dass der individuelle Leistungsanteil deutlich und somit auch bewertbar wird. Hilfreich kann dabei die Anfertigung eines Arbeitsprozessberichtes sein.

Bei der Themenvergabe durch die Fachlehrerin oder den Fachlehrer ist zu berücksichtigen, dass die drei Anforderungsbereiche erfüllt werden können (vgl. Kapitel 5.2). Die Aufgabenstellung sollte daher konkret einen Lösungsweg mit fachspezifischen Methoden in einem abgegrenzten und überschaubaren Rahmen einfordern. Im Falle einer Literaturarbeit soll eine eigenständig verfasste Lösung durch einen in der Aufgabenstellung enthaltenen Problemaufriss erreichbar sein.

Die Schülerinnen und Schüler werden durch die beratende Fachlehrerin / den beratenden Fachlehrer bei der Umsetzung und Gestaltung ihres Arbeitsprozesses unterstützt. Die Beratung kann die Auswahl von Arbeitsmaterialien und Literatur einschließen. Die kontinuierliche Begleitung der Arbeitsphase erfolgt vor dem Hintergrund einer selbstständigen, individuellen Leistung und ermöglicht damit auch die sachgerechte Beurteilung (vgl. Kapitel 4.2.3). Eine Anbindung der Facharbeit an den Unterricht und die Einbeziehung ihrer Ergebnisse in das Unterrichtsgeschehen kann die Beurteilung auch im Hinblick auf die Anforderungsbereiche erleichtern."

Besondere Lernleistung

Verordnung zur Neufassung der Verordnung über den Bildungsgang und die Abiturprüfung in der gymnasialen Oberstufe und zur Änderung der Kooperationsverordnung vom 5.10.1998 (BV. NW. S. 594)

§ 17: Besondere Lernleistung: „(1) Im Rahmen der für die Abiturprüfung vorgesehenen Punktzahl (§ 29) kann Schülerinnen und Schülern eine besondere Lernleistung angerechnet werden, die im Rahmen oder Umfang eines mindestens zwei Halbjahre umfassenden Kurses erbracht wird. Als besondere Lernleistung können ein umfassender Beitrag aus einem von den Ländern geförderten Wettbewerb oder die Ergebnisse eines umfassenden fachlichen oder fachübergreifenden Projektes gelten.

(2) Die Absicht, eine besondere Lernleistung zu erbringen, muss spätestens am Ende der Jahrgangsstufe 12 bei der Schule angezeigt werden. Die Schulleiterin oder der Schulleiter entscheidet in Abstimmung mit der Lehrkraft, die als Korrektor vorgesehen ist, ob die vorgesehene Arbeit als besondere Lernleistung zugelassen werden kann. Die Arbeit ist spätestens bis zur Zulassung zur Abiturprüfung abzugeben, nach den Maßstäben und dem Verfahren für die Abiturprüfung zu korrigieren und zu bewerten. Ein Rücktritt von der besonderen Lernleistung muss bis zur Entscheidung über die Zulassung zur Abiturprüfung erfolgt sein. In einem Kolloquium von in der Regel 30 Minuten, das im Zusammenhang mit der Abiturprüfung nach Festlegung durch die Schulleitung stattfindet, stellt der Prüfling vor einem Fachprüfungsausschuss (§ 26) die Ergebnisse der besonderen Lernleistung dar, erläutert sie und antwortet auf Fragen. Die Endnote wird aufgrund der insgesamt in der besonderen Lernleistung und im Kolloquium erbrachten Leistungen gebildet; eine Gewichtung der Teilleistungen findet nicht statt.

(3) Bei Arbeiten, an denen mehrere Schülerinnen und Schüler beteiligt werden, muss die individuelle Schülerleistung erkennbar und bewertbar sein.

(4) In der besonderen Lernleistung sind maximal 15 Punkte erreichbar, die vierfach gewertet werden (§ 29 Abs. 2 und 5)."

§ 29: Gesamtqualifikation: „(2) Der Abiturbereich umfasst die vier Kurse der Prüfungsfächer im zweiten Halbjahr der Jahrgangsstufe 13 in vierfacher Wertung. Wird eine besondere Lernleistung erbracht (§ 17), werden die Prüfungsergebnisse in den Prüfungsfächern dreifach gewertet und das Ergebnis der besonderen Lernleistung in vierfacher Wertung hinzugezählt.

(5) Wird eine besondere Lernleistung gemäß § 17 eingebracht, müssen mindestens in zwei Prüfungsfächern, darunter einem Leistungsfach, im Abiturbereich (dem Kurshalbjahr 13/II der Prüfungsfächer in jeweils einfacher und der Prüfung in jeweils dreifacher Wertung) mindestens jeweils 20 Punkte erreicht sein."

Rheinland-Pfalz

Facharbeit

In Rheinland-Pfalz sind Facharbeiten nach dem Schuljahr 1999/2000 nicht mehr vorgesehen.

Besondere Lernleistung

Mainzer Studienstufe, Information für Schülerinnen und Schüler, Eltern und Lehrkräfte (Hrsg. Ministerium für Bildung, Wissenschaft und Weiterbildung), Ausgabe 1999
8. Besondere Lernleistung: „Über die Kursarbeiten und die „anderen Leistungsnachweise" hinaus können Schülerinnen und Schüler auch Leistungen in anderer Form erbringen, die nicht an den regulären Unterricht und die belegten Fächer gebunden sind. Dadurch sollen individuelle Lerninteressen und selbstständiges Arbeiten gefördert werden.

Wer sich für ein bestimmtes Thema interessiert, daran über einen längeren Zeitraum selbstständig arbeitet und das Ergebnis schriftlich darstellt, kann diese Arbeit benoten lassen und als „besondere Lernleistung" in die Qualifikation einbringen. Voraussetzung ist, dass das Thema inhaltlich einem Schulfach oder mehreren Schulfächern zugeordnet werden kann. Es muss aber nicht aus einem Fach stammen, das die Schülerin oder der Schüler belegt hat. ...

Vor Beginn der Arbeit muss das Thema mit der Lehrkraft abgesprochen werden, die die Anfertigung der besonderen Lernleistung betreut, begleitet und die Arbeit bewertet. Wenn die Arbeit fertig ist, stellt die Schülerin oder der Schüler in einem Kolloquium die Ergebnisse und den Arbeitsprozess dar und beantwortet Fragen zur Arbeit. Das Kolloquium dient auch dazu, die Selbstständigkeit der Leistung der Schülerin oder des Schülers festzustellen. Das Ergebnis des Kolloquiums und ggf. die Präsentation der Arbeit gehen in die Bewertung der besonderen Lernleistung ein.

Die besondere Lernleistung ist nicht an ein Halbjahr gebunden. Sie muss innerhalb der Oberstufe erbracht und spätestens am Ende des Halbjahres 12/2 abgegeben werden. Thema und Note werden im Zeugnis der Jahrgangsstufe 13 ausgewiesen. Die Note der besonderen Lernleistung kann nach Entscheidung der Schülerin oder des Schülers in die Qualifikation im Prüfungsbereich eingebracht werden. Diese Note hat dann das gleiche Gewicht wie die Gesamtnote in einem Prüfungsfach.

Eine besondere Lernleistung kann unterschiedliche Formen haben, z. B.:
– Eine **Jahresarbeit**, d. h. eine selbstständige, schriftliche Ausarbeitung über ein Thema, das inhaltlich einem Unterrichtsfach oder mehreren Unterrichtsfächern zugeordnet werden kann. Zur Ausarbeitung gehört auch eine schriftliche Dokumentation des Arbeitsprozesses. Das Thema wird in Absprache zwischen der Schülerin oder dem Schüler und der Lehrkraft oder – bei einem fächerübergreifenden Thema – den Lehrkräften vereinbart. Falls das Thema fächerübergreifend ist, übernimmt eine Lehrkraft die Koordination der Betreuung und Bewertung. Diese Lehrkraft ist auch für die endgültige Themenstellung verant-

wortlich. Bis zu drei Schülerinnen und Schüler können gemeinsam eine Jahresarbeit zu einem Rahmenthema anfertigen, sofern abgegrenzte Unterthemen vorliegen und die Leistungen der einzelnen Schülerinnen und Schüler zweifelsfrei festgestellt und bewertet werden können.

– Eine schriftliche Arbeit, die im Rahmen eines geeigneten **Wettbewerbs** erstellt wurde. Nicht alle Wettbewerbe sind für die Erstellung besonderer Lernleistungen geeignet bzw. zugelassen. Wenn aber eine Wettbewerbsarbeit als besondere Lernleistung in die Qualifikation eingebracht werden soll, muss sie von einer Lehrkraft bewertet werden. Der erzielte Preis im Wettbewerb ist für die Note nicht von Bedeutung.

– Eine schriftliche Arbeit, die aus einer **Arbeitsgemeinschaft** oder einem **Projekt** erwachsen ist. Die Arbeit kann auch experimentelle oder praktische Anteile haben, z. B. wenn sie im Zusammenhang mit einem Praktikum erstellt wurde. Eine schriftliche Ausarbeitung, die die theoretischen Aspekte des Thema betrifft, ist aber unbedingt erforderlich."

Das Kultusministerium beabsichtigt weiterhin, folgende Regelungen zu treffen:
Die Jahresarbeit muss eine Darstellung des Arbeitsprozesses enthalten. Hierin sollen auch Irrwege und die Besprechungen mit dem betreuenden Lehrer behandelt sein. Der Aufwand entspricht – entsprechend dem Gewicht der Note – dem Arbeitsaufwand eines zweisemestrigen Kurses, d. h. dem Aufwand für etwa 60 Unterrichtsstunden. Die Jahresarbeit soll ca. 20 – 25 maschinenschriftliche Seiten (Text, ohne Anhang und Formalia) umfassen. Die Jahresarbeit muss eine Kurzfassung von maximal einer Seite enthalten. Ein Kolloquium ist vorgeschrieben, die Bewertung einer Präsentation ist möglich, aber nicht zwingend.

Auszug aus der Abiturprüfungsordnung
§ 11 Qualifikation im Prüfungbereich:
„(1) In die Qualifikation im Prüfungsbereich sind einzubringen:

1. die vier Kurse in den Prüfungsfächern aus Jahrgangsstufe 13 bzw. bei beruflichen Gymnasien aus dem Halbjahr 13/2, die Punktzahlen einfach gewertet, und

2. sofern keine „besondere Lernleistung" eingebracht wird, die in der Prüfung erbrachten Leistungen in vierfacher Wertung; wird der Prüfling im ersten, zweiten oder dritten Prüfungsfach (§ 12 Abs. 3) auch mündlich geprüft, ist die Punktzahl für dieses Fach nach der Anlage 1a zu ermitteln.

3. sofern das Ergebnis einer „besonderen Lernleistung" eingebracht wird, die in der Prüfung erbrachten Leistungen in dreifacher Wertung und das Ergebnis der „besonderen Lernleistung" in vierfacher Wertung; wird der Prüfling im ersten, zweiten oder dritten Prüfungsfach (§12 Abs. 3) auch mündlich geprüft, ist die Punktzahl für dieses Fach nach der Anlage 1b zu ermitteln.

(2) In zwei der vier Prüfungsfächer, darunter dem ersten oder zweiten Prüfungsfach, müssen als Summe der Punktzahlen nach Absatz 1 Nr. 1 und 2 mindestens jeweils 25 Punkte oder nach Absatz 1 Nr. 1 und 3 mindestens jeweils 20 Punkte erreicht sein.

(3) Für die Qualifikation im Prüfungsbereich müssen mindestens 100 Punkte und können höchstens 300 Punkte erreicht werden."

Saarland

Facharbeit

Facharbeiten sind zur Zeit nicht vorgesehen.

Besondere Lernleistung

Verordnung zur Änderung der Verordnung – Schulordnung – über die gymnasiale Ober-
stufe an Gymnasien und Gesamtschulen im Saarland (Oberstufenverordnung), Fassung
der Anhörung 1998
„(3) Im Rahmen der Qualifikation im Abiturbereich kann der Schüler / die Schülerin wahlweise
eine besondere Lernleistung, die im Rahmen bzw. im Umfang einer mindestens zwei Halbjahre umfassenden Arbeit erbracht wird, in die Gesamtqualifikation einbringen, soweit diese besondere Lernleistung oder wesentliche Bestandteile davon noch nicht anderweitig im Rahmen der Schule angerechnet wurde. Eine besondere Lernleistung kann z. B. ein umfassender
Beitrag aus einem vom Saarland geförderten Wettbewerb, eine Jahresarbeit oder das Ergebnis eines umfassenden, auch fachübergreifenden Projektes in Bereichen sein, die schulischen
Fächern zugeordnet werden können. Die besondere Lernleistung ist schriftlich zu dokumentieren; in einem Kolloquium stellt der Schüler / die Schülerin die Ergebnisse der besonderen
Lernleistung dar, erläutert sie und antwortet auf Fragen. Bei Arbeiten, an denen mehrere
Schüler / Schülerinnen beteiligt waren, ist die Bewertung der individuellen Schülerleistung erforderlich. In der besonderen Lernleistung sind höchstens 15 Punkte in vierfacher Wertung erreichbar."

Sachsen

Facharbeit

Facharbeiten sind in Sachsen nicht vorgesehen.

Besondere Lernleistung

Verordnung des Sächsischen Staatsministeriums für Kultus zur Änderung der Verord-
nung über die gymnasiale Oberstufe und die Abiturprüfung an allgemeinbildenden
Gymnasien im Freistaat Sachsen vom 10. Juli 1998
7. Nach § 26 wird folgender § 26a eingefügt:
§ 26a: Besondere Lernleistung
„(1) Im Rahmen der für den Abiturprüfungsbereich vorgesehenen Gesamtpunktzahl können
die Schüler eine besondere Lernleistung einbringen, sofern diese weder insgesamt noch teilweise bereits anderweitig als schulische Leistung angerechnet wurde.

(2) Besondere Lernleistungen sind:

1. ein umfassender Beitrag aus einem vom Freistaat Sachsen geförderten Leistungswettbewerb,
2. eine Jahresarbeit,
3. die Aufarbeitung eines umfassenden, auch fächerübergreifenden Projektes oder Praktikums.

Der Umfang der besonderen Lernleistung soll dem Inhalt eines Kurses von mindestens zwei Kurshalbjahren entsprechen.

(3) Die besondere Lernleistung, die eine fachpraktische Komponente enthalten kann, ist schriftlich zu dokumentieren und in einem Kolloquium zu verteidigen.

(4) Für die Bewertung der besonderen Lernleistung sind die §§ 37 und 39 entsprechend anzuwenden mit der Maßgabe, dass der Vorsitzende des Prüfungsausschusses mit Zustimmung des Oberschulamtes bis zu zwei weitere Personen zur Begutachtung hinzuziehen kann, wenn die besondere Lernleistung insgesamt oder teilweise außerschulisch erbracht wurde. Bei Arbeiten, an denen mehrere Schüler beteiligt waren, ist die Bewertung der individuellen Schülerleistung erforderlich.

(5) Die Gesamtpunktzahl in vierfacher Wertung wird nach Anlage 1 Nr. 1 ermittelt. An die Stelle der Punktzahl der schriftlichen Prüfung tritt die Punktzahl der Dokumentation oder das arithmetische Mittel der Punktzahlen von Dokumentation und fachpraktischer Komponente, gegebenenfalls auf die nächstgrößere ganze Zahl gerundet; die Punktzahl der mündlichen Prüfung wird durch die Punktzahl des Kolloquiums ersetzt.

(6) Bei Einbringung einer besonderen Lernleistung setzt sich die Gesamtqualifikation aus

1. der Summe der in den vier Prüfungen gemäß § 27 Abs. 2 erreichten Punkte in dreifacher Wertung und
2. der Summe der in den vier Prüfungsfächern erreichten Punkte im Kurshalbjahr 12/II in einfacher Wertung und
3. der für die besondere Lernleistung erreichten Punktzahl in vierfacher Wertung

zusammen."

Verwaltungsvorschrift zur Änderung der Verwaltungsvorschrift des Sächsischen Staatsministeriums für Kultus zur Umsetzung der Oberstufen- und Abiturprüfungsverordnung (OA-VwV) vom 26. Mai 1999

„7. Nach Nummer 6.4 wird folgende Nummer 6.5 eingefügt: 6.5 Für Schüler, die eine **besondere Lernleistung** gemäß § 26a OAVO erbringen, gelten nachstehende Regelungen:

a) Wenn sich der Schüler im Rahmen der Jahrgangsstufe 11 für das Erarbeiten einer besonderen Lernleistung entschieden hat, ist deren Thema unter ‚Bemerkungen' auf Seite 12 des Studienbuches einzutragen. Für die Erarbeitung der besonderen Lernleistung kann sich der Schüler insgesamt maximal zwei Wochenstunden auf die vorgeschriebene Gesamtwochenstundenzahl anrechnen lassen. Entscheidet er sich für diese Anrechnung, so wird die Arbeit an der besonderen Lernleistung belegungspflichtig; die entsprechende Zeile des Vordrucks ‚Belegplan' gemäß Anlage 1. Das Thema der besonderen Lernleistung wird auf dem Zeugnis der allgemeinen Hochschulreife zertifiziert, auch wenn sie vom Schüler nicht in die Gesamtqualifikation eingebracht wird. Notwendige Bedingungen für die Erfüllung der Belegungspflicht und die Zertifikation ist, dass der Schüler ein Ergebnis – schriftliche Dokumentation, die eine fachpraktische Komponente enthalten kann – vorlegt, das mit mindestens 1 Punkt bewertbar ist.

b) Mit der Ausfüllung des Vordrucks ‚Wahl der Prüfungsfächer im Abitur' gemäß Anlage 2 entscheidet der Schüler verbindlich und auch bei der Gruppenarbeit individuell, ob er seine besondere Lernleistung in die Gesamtqualifikation einbringen wird. Für Prüfungsteilnehmer mit Einbringung der besonderen Lernleistung ist in dem Vordruck ‚Zusammenfassung der Bewertung von Abiturprüfungsarbeiten' gemäß Nummer 2.3 OAForm-VwV die Spaltenüberschrift ‚Endergebnis (Punktzahl in vierfacher Wertung)' zu ersetzen.

c) Die notwendigen Termine im Zusammenhang mit der schriftlichen Dokumentation und dem Kolloquium zur besonderen Lernleistung – sowohl Erst- als auch Nachprüfung – werden jährlich vom Staatsministerium für Kultus im Rahmen der Verwaltungsvorschrift für den Ablauf des jeweiligen Schuljahres festgelegt.

d) Eine besondere Lernleistung kann als gemeinsame Arbeit (Gruppenarbeit) von maximal drei Schülern erarbeitet werden. In diesem Fall ist die Einzelleistung nachvollziehbar zu bewerten, wobei dem besonderen Charakter als Gruppenarbeit angemessen Rechnung zu tragen ist.

e) Die Dauer des Kolloquiums beträgt 20 bis 30 Minuten pro Schüler, bei einer Gruppenarbeit maximal 60 Minuten."

Sachsen-Anhalt

Facharbeit

Facharbeiten sind in Sachsen-Anhalt nicht vorgesehen.

Besondere Lernleistung

Verordnung über die gymnasiale Oberstufe (Oberstufenverordnung) vom 26.02.1999, Gesetz- und Verordnungsblatt für das Land Sachsen-Anhalt, 10. Jahrgang, Nr. 9:
§ 15 Besondere Lernleistung: „(1) Die besondere Lernleistung ist eine Leistung auf Abiturniveau, die die Schülerinnen und Schüler freiwillig und selbstständig in der Qualifikationsphase erbringen können. Im Arbeitsumfang muss sie mindestens einem zweisemestrigen Grundkurs entsprechen.

(2) Die Zulassung einer Leistung als besondere Lernleistung ist bei der Schulleiterin oder dem Schulleiter zu beantragen. Die Schülerinnen und Schüler werden im Vorfeld durch die Schule beraten. Die Schulleiterin oder der Schulleiter entscheidet über die Zulassung.

(3) Die besondere Lernleistung ist schriftlich zu dokumentieren und in einem Kolloquium darzustellen und zu erläutern. Sie darf weder vollständig noch in Teilen in Kursbewertungen einfließen.

(4) Die schriftliche Dokumentation muss spätestens vor Beginn der Abiturprüfung vorliegen. Das Kolloquium findet spätestens in der Zeit der mündlichen Abiturprüfungen statt.

(5) Die Schule unterstützt das Finden und Eingrenzen des Themas sowie das Erbringen der Leistung, die Erstellung der Dokumentation und die Vorbereitung auf das Kolloquium durch entsprechende Konsultations- und Kursangebote und gewährt Hilfe beim Finden von und der Zusammenarbeit mit außerschulischen Partnern. § 6 Abs. 1 gilt entsprechend."

§ 33 Bewertung der besonderen Lernleistung:
„(1) Bewertet wird
1. die schriftliche Dokumentation
2. die Leistung im Kolloquium.

(2) Durch die Prüfungskommission wird ein Fachprüfungsausschuss bestellt, der die Dokumentation und das Kolloquium bewertet. §§ 24 bis 26 gelten entsprechend.

(3) Für die Bewertung der Dokumentation gilt § 29 entsprechend.

(4) Für die Durchführung des Kolloquiums gilt § 31 entsprechend. Davon abweichend kann das Kolloquium als Gruppenprüfung erfolgen, wenn an der Erstellung der Dokumentation mehrere Schülerinnen und Schüler beteiligt waren. Die Entscheidung über die Anzahl zugelassener Zuhörerinnen und Zuhörer trifft abweichend von § 25 Abs. 1 die Prüfungskommission. Abweichend von § 25 Abs. 2 kann der Prüfling Zuhörerinnen und Zuhörer nicht ausschließen.

(5) Aus den Bewertungen der Dokumentation und des Kolloquiums wird ein Gesamtergebnis im Verhältnis 2 : 1 gebildet. Ergibt dies keinen vollen Punktwert, entscheidet der Fachprüfungsausschuss.

(6) Auch für die besondere Lernleistung gelten die Vorschriften der §§ 34 bis 36."

Regelungen zur besonderen Lernleistung: Runderlass des MK vom 27.04.99 – 33-81012, SVBl. LSA Nr. 8/1999 vom 21.06.1999, S. 250
„1. Grundsätzliche Bestimmungen
1.1 Bedingungen für die Anerkennung einer Arbeit als besondere Lernleistung sind gezielte Aufarbeitung und systematische Reflexion von Arbeitsgegenstand, Arbeitsverlauf und Arbeitsergebnis. Diese Forderung gilt ausnahmslos für alle Themen. Bei der Beantragung sind zunächst Arbeitsthemen vorzulegen, die ihre Präzisierung durch den Arbeitsprozess erfahren.
1.2 Die schriftliche Dokumentation als Einzelleistung sollte ohne Anlagen etwa 15 Seiten, als Gruppenleistung von maximal drei Schülerinnen oder Schülern je Beteiligter oder Beteiligtem etwa zehn Seiten betragen.

1.3 Soweit im Ergebnis der Arbeit gegenständliche Produkte oder technische Aufzeichnungen von Darbietungen vorliegen, können diese Bestandteil der Dokumentation werden und mit 50 v. H. in die Bewertung der Dokumentation einfließen.

1.4 Das abschließende Kolloquium dient der Präsentation des Arbeitsergebnisses. Es findet frühestens 14 Tage nach Verkündigung der Bewertung der Dokumentation statt.

1.5 Die Schülerinnen oder Schüler oder Schülergruppen weisen sich als Autorinnen oder Autoren der Arbeit mit fundierten Kenntnissen zu Zielen, Methoden, inhaltlichen Details und Ergebnissen aus. Dazu erhalten sie zunächst angemessen Gelegenheit zu einem Vortrag und stellen sich anschließend den Fragen zur Dokumentation.

1.6 Die Entscheidung über die Einbringung der besonderen Lernleistung in die Gesamtqualifikation trifft die Schülerin oder der Schüler spätestens eine Woche nach Vorliegen der Bewertung der besonderen Lernleistung und der Prüfungsergebnisse."

Schleswig-Holstein

Facharbeit

Facharbeiten sind in Schleswig-Holstein nicht vorgesehen.

Besondere Lernleistung

Landesverordnung über die Gestaltung der Oberstufe der Gymnasien und Gesamtschulen in Schleswig-Holstein 1999
§ 12: „Teil der Abiturprüfung kann auch eine besondere individuelle Lernleistung sein, die im Rahmen oder Umfang von zwei aufeinander folgenden Kursen erbracht wird. Besondere Lernleistungen können sein: eine Jahres- oder Seminararbeit, die Ergebnisse eines umfassenden, auch fachübergreifenden Projektes oder Praktikums, ein umfassender Beitrag aus einem von den Ländern geförderten Wettbewerb in Bereichen, die schulischen Referenzfächern zugeordnet werden können. Eine solche besondere Lernleistung ist schriftlich zu dokumentieren, ihre Ergebnisse stellt die Schülerin oder der Schüler in einem Kolloquium dar, erläutert sie und antwortet auf Fragen."

Ergänzende Bestimmungen und Erläuterungen zur Landesverordnung über die Gestaltung der Oberstufe der Gymnasien und Gesamtschulen in Schleswig-Holstein vom 08.03.1999 (Nachrichtenblatt des Ministeriums für Bildung, Wissenschaft, Forschung und Kultur des Landes Schleswig-Holstein 1999, S. 119)
Zu § 12: „Die besondere Lernleistung kann wahlweise in die Abiturprüfung eingebracht werden und ein Fünftel der Punktzahl der Abiturprüfung ausmachen (s. Abiturprüfungsverordnung). Voraussetzung für die Einbringung ist, dass die besondere Lernleistung oder wesentliche Bestandteile noch nicht anderweitig im Rahmen der Schule angerechnet wurden.

Für die Erstellung einer besonderen Lernleistung stellt die Schülerin oder der Schüler in Absprache mit der Tutorin oder dem Tutor oder der betreuenden Lehrkraft einen schriftlichen Arbeits- und Zeitplan auf, ...

Die besondere Lernleistung ist innerhalb einer festgesetzten Zeit zu erbringen. Der Abgabetermin wird mit dem Terminen für die Abiturprüfung des jeweiligen Jahres bekanntgegeben. Die schriftliche Dokumentation soll in der Regel 20 bis 30 Textseiten umfassen. Anlagen, Inhaltsverzeichnis und Literaturverzeichnis sind hierin nicht enthalten. Gruppenarbeiten sind nicht zulässig.

Das Kolloquium findet in der Regel 5 Wochen nach Abgabe der Dokumentation statt, spätestens bis zur Bekanntgabe der Noten der schriftlichen Abiturprüfung. ..."

Thüringen

Facharbeit

Facharbeiten sind in Thüringen nicht vorgesehen.

Besondere Lernleistung

Fünfte Verordnung zur Änderung der Thüringer Schulordnung vom 17.08.1999

7. § 75 wird wie folgt geändert: ...
   d) Es wird folgender neuer Absatz 4 eingefügt:
      „(4) Im Seminarfach sollen die Schüler vertiefend zu selbstständigem Lernen und wissenschaftlichem Arbeiten geführt werden, problembezogenes Denken soll initiiert und geschult sowie Sozialformen des Lernens trainiert werden, die sowohl Selbstständigkeit als auch Kommunikations- und Teamfähigkeit verlangen und die Schüler veranlassen, über ihre Stellung in der Arbeitsgruppe zu reflektieren. Das Seminarfach zielt auf die Schulung von Kompetenzen." ...
11. Nach § 78 wird folgender § 78a eingefügt: „§ 78a Seminarfachleistung
   (1) Die Seminarfachleistung setzt sich zusammen aus dem Prozess der Erstellung der Seminarfacharbeit, der Seminarfacharbeit und dem Kolloquium zur Seminarfacharbeit. Die Seminarfachleistung ist eine Arbeit, an der in der Regel bis zu vier Schüler beteiligt sein können. Arbeiten einzelner Schüler können zugelassen werden, wenn der Aufgabenzuschnitt dies erfordert. Die Seminarfachleistung ist schriftlich zu dokumentieren (Seminarfacharbeit). Die Seminarfachleistung soll mindestens zwei Aufgabenfelder umfassen.
   (2) Bis zum Ende des Kurshalbjahres 11/I ist von den Schülern das Thema der Seminarfacharbeit festzulegen. Das Thema der Seminarfacharbeit bedarf der Genehmigung durch den Schulleiter. Diese Festlegung kann nur in besonderen Ausnahmefällen geändert werden. ...

(5) Die individuelle Leistung der Schüler ist die Grundlage der Bewertung. Einer ganz besonderen Wertung unterliegen

1. der Prozess der Erstellung der Seminarfacharbeit,
2. die Seminarfacharbeit sowie
3. das Kolloquium zur Seminarfacharbeit.

Für die Bewertung des Prozesses der Erstellung der Seminarfacharbeit sowie der Seminarfacharbeit durch den Fachlehrer gilt § 59 Abs. 1 bis 3 und 6 sowie § 74. Für die Bewertung des Kolloquiums zur Seminarfacharbeit gilt § 101 Abs. 8 und 9 entsprechend. Der Vorsitzende der Fachprüfungskommission kann fachkompetente Personen hören. Aus den Einzelergebnissen ist eine Gesamtnote für die Seminarfachleistung zu ermitteln, wobei der Prozess der Erstellung der Seminarfacharbeit mit 20 v. H., die Seminarfacharbeit mit 30 v. H. und das Kolloquium mit 50 v. H. zu gewichten sind."

Themenlisten (unkommentiert)

Im Kapitel 3.9 befindet sich eine Liste mit erprobten Themen, die kurz kommentiert sind.

Biologie

Die folgenden Anregungen sind verschiedenen Quellen entnommen. Falls Themen übernommen werden, müssen sie für den konkreten Fall (Ausstattung der Schule, Zeitrahmen usw.) angepasst werden.

Soziogramm einer Tiergruppe (konkrete Art) im Zoo

Lernverhalten von Kleinsäugern: Operante Konditionierung von Meerschweinchen im Labyrinth

Abhängigkeit des Nitratgehaltes von Spinatpflanzen von der Tageszeit

Nitratbestimmungen in frischen, gekochten und aufgewärmten Gemüsen

Abhängigkeit der Pollenkeimung von Impatiens-Arten von äußeren Bedingungen

Kartierung der Trittflora auf Bürgersteigen und ihre Abhängigkeit von lokalen Parametern

Untersuchung der Tagesperiodik von Sauerstoffgehalt und pH-Wert in einem Teich und die Abhängigkeit von Sonneneinstrahlung, Niederschlägen und Temperatur

Herstellung von mikroskopischen Dauerpräparaten zum Barr-Körperchen beim Menschen

Herstellung von mikroskopischen Dauerpräparaten von Mitosestadien bei Zwiebelwurzeln

Untersuchung von Blumenfrischhalte-Präparaten und diesbezügliche Versuche mit anderen Chemikalien

Vergleichende Untersuchung der Atmungsintensität von Getreidekörnern und Hülsenfrüchten

Untersuchung der Vererbbarkeit des Hautleistensystems der Fingerbeeren in zwei Familien

Ethnisch spezifische biologische Waffen durch Gentechnik: Möglichkeiten der Herstellung und Problematik des Einsatzes

Darstellung von Aggressionstheorien in Schulbüchern für Biologie und Religion und der Vergleich mit Universitätslehrbüchern

Vergleichende Analyse der Rauchgewohnheiten von Schülern (gleiche Klassenstufe, unterschiedliche Schultypen, geschlechtsspezifische Auswertung)

Untersuchung von Umweltfaktoren (Sauerstoff- und Kohlenstoffdioxidgehalt, Luftfeuchtigkeit, Temperatur) eines Klassenzimmers während des Unterrichts

Bau von dreidimensionalen Modellen verschiedener Nierenausschnitte

Allergien – Untersuchung zur Häufigkeit und Ursache allergischer Erkrankungen bei Jugendlichen der Schule X

Vergleich verschiedener Theorien zur Alterung

Methoden des Apfelanbaus und Auswirkungen auf die ökologische Vielfalt an exemplarischen Stellen

Attrappenversuche zum Aggressionsverhalten mit Kampffischen

Untersuchung des Sozialverhaltens von Ameisen am Ameisenhügel X

Das Fressverhalten von Spinnen: Vergleich der Hauswinkel- und Zitterspinne

Analyse verschiedener Diäten und Häufigkeit ihrer Anwendung bei Jugendlichen

Umfrage zu Wissen, Kennzeichnungspflicht und Akzeptanz von gentechnisch veränderten Lebensmitteln in einer Kleinstadt

Der Rassenbegriff zur Zeit des Nationalsozialismus – eine Analyse alter Biologielehrbücher

Drogen – Therapie und ihre Wirkung am Beispiel einer Drogenentziehungseinrichtung

Untersuchung des Lernverhaltens verschiedener Mäuse anhand unterschiedlicher, selbst gebauter Labyrinthe

Fleisch fressende Pflanzen – Versuche zu ihrem Fangverhalten

Heilpflanzen – Geschichte der Darreichungsform von Pflanzen bezogen auf den Husten

Homo sedens – Sitzen, eine Hauptbeschäftigung des Menschen. Versuche zur Körperhaltung bei verschiedenen Sitzmöbeln

Limnologische Untersuchung des Phytoplanktons zweier Gewässer im Vergleich

Interaktionen von Tieren und Menschen im zoologischen Garten am Beispiel des Gorillas

Hanf – Droge oder Heilmittel. Wissen und Akzeptanz im Vergleich zwischen Jugendlichen und älteren Menschen im Altersheim

Isländische Hameypferde – Behandlungsmöglichkeiten und Verhaltensänderung während des Sommerekzems

Die Sonnenblumenölkur – Untersuchungen zu ihrer Wirkung

Die Kraft und Wirkung verschiedener Pyramiden auf das Wachstum biologischer Organismen (Schimmelpilze, Kressesamen)

Aphrodisiaka – sexuell erregende Nahrungsmittel

Der Schlaf und seine Rolle und Wirkung bei Jugendlichen zweier Oberstufenjahrgänge

Der Wein – seine Anwendung in der Schrothkur und und Heilmittelakzeptanz in der Bevölkerung einer Kleinstadt

Osmotische Untersuchungen von unterschiedlichen Pflanzengeweben mit einem Einfachst-Osmometer (Praxis der Biologie 46 (1997), S. 45f.)

Das Biotop Waschbachquelle – Bestandsaufnahme und Analyse

Untersuchung der zwei Regenwasser-Sammelbecken im Autobahnkleeblatt bei Drais

Chemie

Die folgenden Anregungen für Themenideen sind verschiedenen Quellen entnommen. Sie müssen an die konkrete Situation angepasst werden. Das erste Beispiel soll dies illustrieren:

Die Bestimmung der Säurekonstanten von HCI in verschiedenen Alkanolen (Konkretisierung: Messung der Leitfähigkeiten verschiedener Alkanole nach Einleitung von HCI-Gas)

Diels-Alder-Reaktion von Cyclopentadien bzw. Butadien mit Maleinsäureanhydrid

Quantitative Chlorbestimmung an drei ausgewählten Chlorverbindungen

Chromatografische Analyse von Rotkrautsaft und Darstellung der Indikatoreigenschaften

Chromatografische Analyse der Aminosäuren beim Miller-Versuch

Messung von Ionenwanderungsgeschwindigkeiten (Einengung auf einen Versuch und unterschiedliche Bedingungen oder eine bestimmte Anzahl von Versuchen oder Ionen)

Quantitative Bestimmung der Zusammensetzung des Estergleichgewichtes (konkrete Nennung) in Abhängigkeit von der Temperatur

Ermittlung der Formel von (konkreter Stoff) mit Elementaranalyse, Bestimmung der Doppelbindungen, der funktionellen Gruppen und der Molmasse (z. B. Acrylsäure)

Unterscheidung von 5 verschiedenen Cola-Getränken durch Ermitteln der K_S-Werte aus Titrationskurven

Titrationskurven je einer ein-, zwei- und dreiprotonigen Säure mit Natronlauge durch pH- und Leitfähigkeitsmessung

Qualitative Analyse von Zucker in Früchten mithilfe der Papierchromatografie

Osmotische Untersuchungen von Salzlösungen unterschiedlicher Konzentration

Beeinflussung der Frequenz einer oszillierenden Reaktion durch Veränderung von Temperatur und Konzentrationen

Recycling von Schwermetallen aus Computerschrott durch Lösung mit Komplexbildnern

Isolierung und Reinigung von Bestandteilen der Milch (Casein, Albumin, Laktose)

Vergleichende Bestimmung der Molmasse nach mehreren Methoden

Nachweis der Phosphorsäure in einem Cola-Getränk und Bestimmung der Konzentration

Herstellung, Reinigung und Identifizierung eines Präparates (z. B. Zimtsäure, Benzoesäureethylester) und Erklärung der Methoden

Bau von Molekülmodellen verschiedener Makromoleküle

Quantitative Bestimmung der Doppelbindungen an Kautschuk mit Kaliumpermanganat

Vergleichende Wasserhärtebestimmung mehrerer Quellen

Quantitative Bestimmung zweier Estergleichgewichte

Ermitteln von pK_S-Werten mehrerer organischer Säuren

Optimierung des „Ölfleckversuches" zur Ermittlung der Avogadroschen Zahl

Quantitative Untersuchung von Fetten, Pflanzenölen, Margarine und Butter (Iodzahl, Säurezahl)

Nitratbestimmungen in Oberflächen- und Grundwasser (Brunnen) in einem landwirtschaftlich intensiv genutzten Gebiet

Die Stärkespaltung durch Amylase: Untersuchung der Kinetik

Untersuchung der Reaktionskinetik der Reaktion der Butylchloride mit Wasser

Entwicklung eines Versuchspraktikums zur Enzymatik

Rolle und Vielfalt des Vitamins B anhand der Untersuchung seines Gehaltes in Früchten

Schwermetallbelastung im Hafen X (Freizeithafen) unter spezieller Berücksichtigung von Bleisalzen

Chemische Untersuchung zweier Bachläufe auf ihre Inhaltsstoffe unter spezieller Berücksichtigung von Nitrat und Nitrit von Januar bis Mai

Analyse der Gebrauchsgegenstände aus Kunststoffen in der Schule X und in zwei Oberstufenjahrgängen sowie deren Recyclingmenge und -möglichkeit

Analyse der Zusammensetzung eines Tintenkillers und Versuch zur Entwicklung eines Killers für rote Farbe

Vergleich verschiedener Kartoffelsorten auf ihren Aminosäuregehalt mithilfe der zweidimensionalen Dünnschichtchromatographie

Energiespeicherung durch Wasserspaltung: technische Lösungen und Versuche zur eigenständigen Umsetzung

Vergleichende Analyse von Normalbenzin, Super und Diesel

Der Ökokühlschrank: eine technische Lösung der FCKW-Problematik und dessen Rolle für die Psychologie und Wirtschaft

Physik

Die folgende Liste enhält eine Zusammenstellung meist erprobter Themen:

Vergleich ausgewählter Methoden zur Bestimmung der Fallbeschleunigung

Bestimmung der Wellenlänge durch Interferenz an dünnen Schichten

Messung der Verdunstungsgeschwindigkeit verschiedener Flüssigkeiten mithilfe des Lasers

Messung der Schallgeschwindigkeit in verschiedenen Medien

Untersuchung und Messung stehender elektrischer Wellen – Vergleich mit schwingenden Luftsäulen

Darstellung und Auswertung von Äquipotentiallinien verschiedener elektrischer Felder

Entwicklung des astronomischen Weltbildes bis GALILEI

Das Ätherproblem und seine Lösung durch den Michelson-Versuch

Beugung und Interferenz von Ultraschall

Beugung und Interferenz von Licht

Nichtlineare Schwingungen

Bestimmen der Schallgeschwindigkeit mit einfachen Mitteln

Vergleich verschiedener Methoden zur Messung der Fallbeschleunigung – Messung von g

Untersuchung mechanischer Kippschwingungen – theoretische Herleitung und experimentelle Bestätigung

Nachweis der Erddrehung mit einem Foucault'schen Pendel

Beobachtungen an Chladni'schen Klangfiguren

Bestimmung der Schallgeschwindigkeit in Flüssigkeiten

Der Lautsprecher als gedämpfter Oszillator – Theorie und Experiment

Die Energie des elektrischen und magnetischen Feldes; Messung mithilfe eines thermoelektrischen Kalorimeters

Verschiedene Methoden zur Messung der Stärke des Erdmagnetfeldes

Bestimmung der spezifischen Ladung e/m von Elektronen nach BUSCH und mit dem Fadenstrahlrohr

Computerprogramm zur Darstellung von elektrischen Feldern und Äquipotentiallinien

Der Halleffekt und seine Anwendung zur Strommessung

Der piezoelektrische Effekt – Untersuchungen an einem selbst gezüchteten Seignettesalzkristall

Messung des Brechungsindex von Luft bzw. anderen Gasen mit einem Michelson-Interferometer

Polarisation des Lichtes – Theorie, praktische Anwendungen, Auswertung eigener Beobachtungen

Überlegungen und Computersimulation zu den Eigenschaften von Frensel-Linsen

Interferenzen in einer Seifenlamelle mit Dickenbestimmung bei verschiedenen Seifenlösungen

Jamin-Interferenzen – Bau eines einfachen Interferometers für Laserlicht

Fotografische Registrierung von Bewegungsabläufen

Der Versuch von TAYLOR – Theorie, experimenteller Nachweis mit fotografischen Aufnahmen bei Laserstrahlinterferenzen

Modellversuch zur Drehkristallmethoden von BRAGG mit selbst gebautem Kristallmodell

Der Operationsverstärker und seine Anwendung in Regelkreisen

Untersuchung elektrischer Kippschwingungen

Die Exponentialfunktion in der Physik – Theorie und Verifizierung an ausgewählten Beispielen

Lissajous – Figuren, theoretische Erarbeitung und experimentelle Darstellung

Arbeiten im Internet

„Das Anfertigen von Hausaufgaben, Referaten und Facharbeiten ist heutzutage für viele Ihrer Schüler mit keinem großen Aufwand mehr verbunden. Wer sich im Internet auskennt, lädt sich die entsprechenden Dokumente herunter und hat innerhalb kürzester Zeit das gewünschte Material in der Hand." Dieses Gerücht stimmt zur Zeit nur sehr eingeschränkt. Dennoch sollte man informiert sein.

Die Verwendung von Spezial-Suchmaschinen bietet sich für viele Rechercheaufgaben an. Eine Spezial-Suchmaschine für den Bereich Referate und Facharbeiten ist Kosh.de. Die Internetadresse dieser Suchmaschine lautet: http://www.kosh.de/

Diese Suchmaschine greift auf die wichtigsten Sammlungen von Facharbeiten und Referaten im Internet zu. Dabei handelt es sich um:
http://www.fundus.org/
http://www.student-online.de/
http://www.homeworx.net/
http://www.cheatweb.de/
http://www.zum.de/
http://www.hausarbeiten.de/
http://www.schuelerweb.de/
http://www.spickzettel.de/
http://www.terminal.at/

Sie können die Adressen dieser Sammlungen natürlich auch gezielt aufrufen und auf deren Seiten einfach stöbern. Wollen Sie zusätzlich diejenigen Facharbeiten finden, welche nicht in den oben aufgeführten Sammlungen enthalten sind, können Sie im Internet mithilfe von *thematischen Katalogen*, *Metasuchmaschinen* und *Suchmaschinen* danach suchen. Hierbei kommt der Auswahl eines geeigneten Suchbegriffes eine elementare Bedeutung zu. Denkbar ist sowohl der

Begriff „facharbeit" als auch der Begriff „besondere Lernleistung". Dabei sollte der Begriff „besondere Lernleistung" als *Phrase* (s. u.) eingegeben werden. Mit dieser Phrase erhält man vor allem Dokumente, die dem Lehrer Hilfestellungen zu dem Thema „Facharbeiten" anbieten. Werden im Gegensatz dazu vollständige Facharbeiten gesucht, muss mit „facharbeit" als Suchbegriff gearbeitet werden.

Egal ob Sie in einem thematischen Katalog, einer Metasuchmaschine oder einer Suchmaschine suchen: Die richtige Schreibweise des Begriffs ist für eine erfolgreiche Suche wichtig. Den größten Erfolg haben Sie, wenn der Suchbegriff klein geschrieben und eventuell entsprechend *trunkiert* wird (s. u.).

Die *Metasuchmaschine* „Metager" finden Sie unter http://meta.rrzn.uni-hannover.de. Sie liefert mit dem Suchbegriff „facharbeit" und der Option „Alle Worte sollen im Dokument vorkommen" über 100 Treffer.

Die *thematischen Kataloge* „Yahoo" (http://www.yahoo.de) und Web.de (http://web.de) enttäuschen. Erstaunlicherweise schneidet hier der relativ unbekannte Katalog „Alles Klar" (http://www.allesklar.de/) mit dem Suchbegriff „facharbeit" noch relativ gut ab.

Die Detailsuche der *Suchmaschine* „Fireball" (http://www.fireball.de/detail.html) bietet die Möglichkeit in der Netzadresse – der *URL* – von Seiten zu suchen. Dazu aktivieren Sie das Feld „Nur in der URL" und geben als Suchbegriff „facharbeit*" ein. Hier erhält man über 300 Treffer.

Bei der Suchmaschine „Altavista" (http://www.altavista.com/) kann man neben einem einfachen Suchmodus *(Simple Search)* auch einen etwas ausgefeilteren Modus *(Advanced Text Search)* benutzen. Im „Advanced

Text Search"-Modus erhält man bei der Eingabe der etwas komplexeren Suchanfrage „facharbeit* AND schul AND fach AND NOT facharbeiter" 54 Treffer.

Die Suchmaschine „Hotbot" (http://www.hotbot.com/) erweist sich als sehr gut. Mithilfe der „Advanced Search" und den Suchbegriffen „facharbeit" und „schule", unter Ausschluss des Begriffes „facharbeiter", erhält man 270 zum Teil brauchbare Treffer.

Die unten aufgeführten Adressen bieten meist umfangreiche Sammlungen von Facharbeiten, Referaten und Hausarbeiten. Da das Internet einem ständigen Wandel unterworfen ist, kann allerdings für die Adressen keine Garantie übernommen werden:
– http://www.facharbeit.de/
  Sammlung von Facharbeiten.
– http://195.189.81.224/facharbeit/index1.htm
  Umfangreiche Sammlung von Facharbeiten im Volltext.
– http://members.tripod.de/Facharbeiten/
  Virtuelle Facharbeitsbibliothek.
– http://www.abi-net.de/
  Interessantes rund um das Abitur, Archiv mit Facharbeiten und Referaten zum Herunterladen.
– http://www.schulhilfen.com/
  Sammlung von Facharbeiten aller Fächer (Link „Facharbeiten" anwählen).
– http://www.gute-noten.de/
  Linkliste zu dem Thema Referate und Facharbeiten.
– http://www.cheatweb.de/
  Umfangreiche Sammlung von Hausaufgaben, Facharbeiten und Referaten. Zusätzlich Information rund um die Schule
– http://listen.to/homework
  Umfangreiche, kommentierte Linkliste.
– http://www.hausarbeiten.de/
  Sammlung von Facharbeiten und Referaten.

– http://www.terminal.at/
  Sammlung von Facharbeiten und Referaten. In der Rubrik „Index" kann man nach Schulfach, Schultyp, Dokumenttyp und Dokumentsprache suchen. Vielfach verbergen sich hinter den „Treffern" zur Zeit nur leere Seiten oder kurze Zusammenfassungen, meist von Referaten unterschiedlicher Qualität.

Glossar der Internet-Begriffe

– **Metasuchmaschine:** Mithilfe einer Metasuchmaschine kann man in mehreren Suchmaschinen gleichzeitig nach einem Suchbegriff suchen.
– **Phrase:** Dabei handelt es sich um zusammengesetzte Begriffe. Sie benötigen eine spezielle Syntax, die von der verwendeten Suchmaschine abhängig ist. Phrasen werden gerne bei der Suche nach feststehenden Begriffen (z. B. „besondere Lernleistung") verwendet.
– **Spezial-Suchmaschine:** Auf ein bestimmtes Fachgebiet spezialisierte Suchmaschine.
– **Suchmaschine:** Mithilfe sogenannter „Roboter" (dieser Begriff bezeichnet spezielle Programme) werden Dokumente im Internet aufgespürt und zur Indexierung weitergeleitet. Wird an eine Suchmaschine ein Anfrage gestellt, wird nur in dieser Indexdatei gesucht.
– **Thematischer Katalog:** Hier findet man Internetadressen nach Rubriken geordnet.
– **Trunkierung:** Trunkierung bezeichnet die Verwendung eines Platzhalters (z. B. *) anstelle eines Buchstabens oder einer Buchstabenfolge.
– **URL:** Die Abkürzung steht für „Uniform Resource Locator" und ist die Fachbezeichnung für eine Internet-Adresse.

Ablaufprotokoll

Name / Kurs

	Datum	Bemerkungen
Themenfindung		
Thema:		
Planungs-phase		
1. Beratungs-gespräch		
Bearbeitung des Themas		
2. Beratungs-gespräch		
Verfassen der Arbeit		
3. Beratungs-gespräch		
Abgabe der Arbeit:		
Bewertung		

Beispielseite: Deckblatt

Die Entwicklung und das Orientierungsverhalten von
Schmeißfliegenlarven und Imagines –
die Beeinflussung durch
Qualität und Quantität des Lichtes durch Wärme

Facharbeit
in Biologie

vorgelegt von
N.N.

Mainz 1999

Schule: _____   Schuljahr: _____

_____   Kurs: _____

_____   Fach: _____

Name der Schülerin / des Schülers: _____

Thema der Arbeit: _____

_____

_____

Name des Fachlehrers / der Fachlehrerin: _____

Ausgabetermin des Themas: _____   Abgabetermin der Arbeit: _____

_____   _____

(Unterschrift der Schülerin / des Schülers)   (Unterschrift des Lehrers / der Lehrerin)

Aufbau und Gliederung der Arbeit

Wissenschaftliche Arbeiten sind in einer bestimmten Weise aufgebaut. Die Facharbeit oder die Arbeit zur besonderen Lernleistung sollte ebenso gegliedert sein:

- **Deckblatt:** eventuell „attraktiv" gestaltet

- **Formblatt „Titelseite":** mit den formalen Angaben, s. Musterseite

- **Inhaltsverzeichnis:** mit Seitenzahlen, am besten numerisch. Die Gliederung (Nummerierung und Überschriften) im Inhaltsverzeichnis und im Text müssen übereinstimmen.)

- **evtl. Vorwort:** kann persönlich gehalten sein (Motivation, ...)

- **Einleitung:** Einführung in die Arbeit; evtl. mit referatartigen Darstellungen von theoretischen Grundlagen des Themas

- **Hauptteil** (bei experimentellen Arbeiten):
  - Material und Methode: genaue Angabe von Geräten, Chemikalien, Versuchsaufbau, Bedingungen, Durchführung
  - Versuche: evtl. Übersicht über Versuchsreihen, oft sinnvollerweise gleich zusammen mit den Ergebnissen, aber noch ohne Deutung!
  - Diskussion der Ergebnisse: Deutungsversuche im Zusammenhang der ermittelten Ergebnisse und mit der verwendeten Literatur, kritische Stellungnahmen, Hypothesen

- **Zusammenfassung der Ergebnisse:** ganz knapp fassen!

- evtl. **Schlussbemerkungen:** kann persönlich sein (Erfahrungen, Ausblick, Danksagung)

- **Literaturverzeichnis:** s. Musterseite

- **Formblatt „Erklärung":** s. Musterseite

- evtl. **Anhang:** Ergänzungen zur Arbeit; im Hauptteil muss auf diese Zusätze verwiesen werden, z. B. Lagepläne, geografische Karten, Beispiel einer mathematischen Auswertung, Schaltskizzen, Tabellen, Grafiken, Fotos

Erklärung

Hiermit erkläre ich, dass ich die vorliegende Arbeit selbstständig und ohne fremde Hilfe verfasst und keine anderen als die im Literaturverzeichnis angegebenen Hilfsmittel verwendet habe.

Insbesondere versichere ich, dass ich alle wörtlichen und sinngemäßen Übernahmen aus anderen Werken als solche kenntlich gemacht habe.

_____   _____
Ort, Datum   Unterschrift

Schreibregeln

Manche Länder erlauben ausdrücklich handschriftliche Abfassung, in anderen Ländern gibt es zum Teil erhebliche Spielräume. Deshalb kann diese Musterseite nur allgemeine Anregungen geben, deren Inhalt sich nach den Vorgaben durch Verordnungen und Beschlüssen der Konferenzen der Schule richtet.

Für Maschinenschrift (Schreibmaschine oder Computer) gilt im Allgemeinen:

– DIN A 4, einseitig beschrieben

– alle Seiten nummeriert (auch der Anhang)

– Rand: links zum Heften mind. 3 cm, sonst mind. 2 cm

– Schriftgrad: ca. 12 Punkt

– Zeilenabstand: 1,5-zeilig

– Die Vorschrift für den Umfang der Arbeit (Anzahl der Seiten) bezieht sich auf den Textteil ohne Formblätter, Inhalts- und Literaturverzeichnis und Anhang.

Als Beispiel für Computer-Befehle hier einige Einstellungen in den Menüs in Microsoft© Word:

– Einstellung:
  – Seitenränder in „Datei: Seite einrichten",
  – Schriftgrad in „Format: Zeichen"
  – Zeilenabstand in „Format: Absatz".

– Wichtig sind ferner:
  – „Einfügen: Seitenzahlen",
  – „Einfügen: Fußnote",
  – „Ansicht: Gliederung",
  – samt den dortigen Möglichkeiten zur Übersicht und zur Veränderung der Überschriften.

Zitate, Literaturverzeichnis, Quellen

Zitierweise im Text
– In naturwissenschaftlichen Arbeiten ist es üblich, das Zitat in nachgestellter Klammer wiederzugeben.
Beispiel: „Dieses Verhalten ist aus dem Beutefangverhalten der Erdkröte bekannt."
(FRANCK, S. 22).

– Häufig setzt man auch nur einen Fußnoten-Hinweis, um eine bessere Lesbarkeit zu gewährleisten und nennt das zitierte Werk auf derselben Seite als Fußnote unter der betreffenden Nummer.
Beispiel: „Sowohl bei FRANCK[1] als auch in den Oberstufenbüchern Linder[2], Natura[3] und Biologie heute[4] wird das Beutefangverhalten der Erdkröte bei unterschiedlich großen Attrappen ähnlich dargestellt."
Und dazu unten als **Fußnote**:
[1]FRANCK 1997, S. 22 f.
[2]Linder, Biologie (Metzler), 20. Auflage 1989, S. 279
[3]Natura 3 (Klett) 1995, S. 255
[4]Biologie heute S II (Schroedel) 1997, S. 355
  – Diese Kurz-Zitierweise (nur Autor oder Kurztitel) ist dann zulässig, wenn im alphabetischen Literaturverzeichnis der vollständige Titel unter diesem Namen verzeichnet ist.
  – Bei wörtlichen Zitaten oder indirekten Zitaten aus größeren Werken muss die Seitenzahl des Zitats genannt werden.

Alphabetisches Literaturverzeichnis
Genannt werden: Autorenname, Vorname, weitere Autoren, Titel, (Herausgeber), (Sammelwerk entsprechend), (Auflage), Erscheinungsort: Verlag, Erscheinungsjahr; bei Zeitschriften: Kurztitel und Band

a) Einzelwerke (Bücher): FRANCK, DIERCK, Verhaltensbiologie, 3. Aufl. Stuttgart, New York: Thieme, 1997
b) Artikel in Sammelwerken: KÜSTER, J., RASA, O. A. E., Fortpflanzungssysteme, Partnerbildung und Eltern-Kind-Beziehung aus verhaltensbiologischer Sicht, in: NEUMANN, G. H., SCHARF, K. H. (Hrsg), Verhaltensbiologie in Forschung und Unterricht, Köln: Aulis, 1994, S. 72–89
c) anonyme Werke: Natura 3, Biologie für Gymnasien, Band 3, Horst Bickel u. a., Ernst Klett Verlag 1998, 2. Aufl., Stuttgart; kann ebenso unter Bickel, H. alphabetisch eingeordnet werden.
d) Artikel in Zeitschriften: JANSEN, J., BRANDT, L., Die Korrosion von Eisen, ChemKon 5 (1998), S. 201–202

Sonstige Quellen
Mündliche oder briefliche Auskünfte von Personen werden wie gedruckte Quellen behandelt:
ARMBRUSTER, Prof. Dr., Institut für allg. Botanik, Uni Mainz, mündliche Mitteilung (18.6.99)

Bewertung

A) abgegebene schriftliche Arbeit

formale Anlage	Faktor		1
formale Korrektheit (Schriftbild, Nummerierung, Rechtschreibung, Zeichnungen, usw.)			
sprachliche Korrektheit			
korrekte Zitierweise			
fachgerechtes und übersichtliches Literaturverzeichnis			
übersichtliche Gliederung			
methodische Durchführung	**Faktor**		**2**
verständliche, logische und angemessene sprachliche Darstellung			
Kenntnis und Verwendung der Fachsprache			
Trennung von Fakten und Meinungen, Wichtigem und Unwichtigem			
Abstraktionen, Veranschaulichungen, graf. Darstellungen, mathematische Verfahren			
zweckgerichtete Auswertung der Literatur und Einsatz von Zitaten			
Genauigkeit in Darstellung und Auswertung, besonders bei Experimenten			
inhaltliche Bewältigung	**Faktor**		**3**
Erfassung der Problemstellung und deren zielgerichtete Bearbeitung			
logische Planung von Lösungswegen und Vorgehensweise in angemessener Abstraktion			
Übersicht über die Ergebnisse und gedankliche Ordnung			
schlüssige Interpretationen und logische Gedankenführungen, Begründungen			
kritische Distanz zu den eigenen Ergebnissen, deren Verknüpfung und wertender Vergleich			
Aufgreifen von Anregungen der Lehrkraft oder aus der Literatur und deren Einbeziehung			

B) Durchführung des praktischen Teils

Umgang mit Problemen		
Kreativität		
Arbeitseinsatz, Engagement		
Zusammenarbeit bei Gemeinschaftsarbeiten		

C) hergestelltes Modell o. ä.

z. B. Anschaulichkeit, Stabilität, Exaktheit		

D) Präsentation

Ordnung, Übersichtlichkeit, Attraktivität von Stand bzw. Polster		
Klarheit des Vortrages		
Eingehen auf Zuschauerfragen		
Präsenz am Stand		
Gesamturteil		

Literatur

EGGELING, V. TH.: Exposé und Arbeitsordner aus Friedrich Jahresheft 1997, Lernbox

EGGELING, V. TH.: Checkliste für das Abfassen schriftlicher Hausarbeiten, Friedrich Jahresheft 1997

FRANK, ANNE: „Clustering" und „Mind-mapping", in: Friedrich Jahresheft 1997

KNOBLOCH, JÖRG: Referate halten lernen. Inhaltsangabe, Protokoll, Referat, Facharbeit. AOL-Verlag, Lichtenau 1998

PETERßEN, WILHELM H.: Wissenschaftliche(s) Arbeiten: eine Einführung für Schüler und Studenten, 5. Aufl. Ehrenwirth, München 1996

POENICKE, KLAUS: DUDEN, die schriftliche Arbeit, 2. Auflage. Duden, Mannheim 1989

THEISEN, M. R.: ABC des wissenschaftlichen Arbeitens, Beck/dtv 1993

WARMBACH, H. (Hrsg.): Besondere Lernleistung und Facharbeit im Rahmen der Abiturqualifikation 1999, Schriften des deutschen Vereins zur Förderung des mathematischen und naturwissenschaftlichen Unterrrichts e.V., Heft 60, 1999

Außerdem gibt es eine Reihe von Veröffentlichungen von Kultusministerien oder Lehrerfortbildungsinstituten, die speziell auf ein Bundesland bezogen sind. Die folgende – sicherlich unvollständige – Liste enthält einige Beispiele:

Akademie für Lehrerfortbildung Dillingen (Bayern): Die Facharbeit im Biologieunterricht, Dillingen 1988

Landesinstitut für Erziehung und Unterricht (Hrsg.): Seminarkurs auf der gymnasialen Oberstufe – Methoden und Beispiele, FTH 400, Stuttgart 1998

LAUTZAS, PETER: Facharbeit, Referat, Protokoll in der Oberstufe des Gymnasiums (Mainzer Studienstufe), hrsg. vom Kultusministerium Rheinland-Pfalz, Worms 1982

Oberschulamt Tübingen (Hrsg.): Schulversuch zur Einführung einer Facharbeit, Handreichung für Lehrkräfte, Tübingen 1995

Philologenverband Niedersachsen (Hrsg.): Gymnasium in Niedersachsen – Handreichungen zur Erstellung einer Facharbeit, Hannover 1998

Oberstufen-Kolleg des Landes Nordrhein-Westfalen an der Universität Bielefeld (Hrsg.): Schreibabenteuer Facharbeit, Ambros-Band 46, Bielefeld 1999

WAGNER, RAINER: Facharbeit in der Sekundarstufe II, Amt für Schule, Hamburg 1997

Anregungen zu Themen können Bücher mit Experimentieranleitungen, Biografien von Naturwissenschaftlern, Hintergrundinformationen zu Themenbereichen oder Projektvorschlägen geben, wie:

LEUSCHNER, L., HERRLICH, H.: Berühmte Biologen und Mediziner, Klett 1995

LICHTFELDT, M. u. a.:Impulse Physik 2, Low-cost-Experimente, Klett 1998

WAGNER, G.: Waschmittel, Chemie und Ökologie Klett 1993

Die Grundlagen für die Erstellung einer (vor-) wissenschaftlichen Arbeit, unabhängig vom Fach, vermittelt den Schülern folgende CD-ROM:

LANGER, W., SEYBOLD, H.: Wissenschaftlich arbeiten: Facharbeit und besondere Lernleistung, Klett 1999